魅力小车
MINI传奇经典

魅力小车
MINI传奇经典

【英】贾尔斯·查普曼（Giles Chapman） 编著

卞亚梦 译

机械工业出版社
CHINA MACHINE PRESS

眩眼间，时常在街头惊艳偶遇的 Mini 已过 60 周年华诞，而其经典造型的魅力仍在不断传承于世。它不仅为汽车设计带来了革命性的创新，更为现代前轮驱动汽车技术的发展树立了标杆，并将其成功延续至今。本书通过独一无二的背后故事挖掘及难得一见的图片呈现，向这辆传世之作致敬，为车迷和 Mini 的粉丝呈上一份珍贵的纸上盛宴。

Mini : 60 years / by Giles Chapman / ISBN: 978-0-7603-6399-7
© 2019 Quarto Publishing Group USA Inc.
Text © 2019 Giles Chapman
First published in 2019 by Motorbooks, an imprint of The Quarto Group
北京市版权局著作权合同登记　图字：01-2019-3875 号。

图书在版编目（CIP）数据

魅力小车：MINI 传奇经典 /（英）贾尔斯·查普曼（Giles Chapman）编著；卞亚梦译 . —北京：机械工业出版社，2021.4
（世界经典名车译丛）
书名原文：Mini：60 years
ISBN 978-7-111-67631-7

Ⅰ . ①魅… Ⅱ . ①贾… ②卞… Ⅲ . ①汽车 – 德国 – 图集 Ⅳ . ① U469-64

中国版本图书馆 CIP 数据核字（2021）第 036165 号

机械工业出版社（北京市百万庄大街 22 号　邮政编码 100037）
策划编辑：李　军　责任编辑：李　军
责任校对：张玉静　责任印制：孙　炜
北京华联印刷有限公司印刷
2021 年 5 月第 1 版第 1 次印刷
216mm×254mm·10.75 印张·2 插页·314 千字
0 001—2 000 册
标准书号：ISBN 978-7-111-67631-7
定价：99.00 元

电话服务　　　　　　网络服务
客服电话：010-88361066　机 工 官 网：www.cmpbook.com
　　　　　010-88379833　机 工 官 博：weibo.com/cmp1952
　　　　　010-68326294　金 书 网：www.golden-book.com
封底无防伪标均为盗版　机工教育服务网：www.cmpedu.com

目　录

引　言

60多年来，Mini一直是消费者所能购买到的最具魅力的车型之一。从驾驶的角度出发，无论动力大小，驾驶它的体验总是令人愉悦，甚至亢奋的。有人因为资金问题不得不选择购买一辆小型汽车，但几乎每个崇尚驾驶乐趣的人都梦想拥有一辆Mini。

Mini也曾存在争议。

最初的样车，是由亚历克·伊斯哥尼斯（Alec Issigonis）凭一己之力构想而来的，在此之前或之后，很少有人有机会重塑经济型汽车。在他身上，融合了亨利·福特（Henry Ford）的坚韧、安德烈·雪铁龙（André Citroën）和费迪南德·保时捷（Ferdinand Porsche）的工程标准，以及P.G.沃德豪斯（P.G.Wodehouse）那引以为豪的孩童般的热情。这辆在困难时期被构想出来的Mini，为经济型汽车树立了全新标准。可以说，这一切都是大胆的。

尽管设计另类，也遭遇过意外状况，但Mini在英国汽车界一直存活了41年之久，这令人难以置信。更何况，2000年下线的最后一辆Mini与1959年生产的第一辆Mini几乎没有什么区别。这段岁月，本身就是一个令人大开眼界的传奇故事。

事实证明，用MINI取代Mini对任何汽车制造商来说，都是最艰巨的任务之一。宝马抓住了这次机会，选择以充满活力的Mini Cooper之重生来开启新千年。英德两国的合作过程充满了艰辛，但结果却令人欣喜，这辆小型车以一种全新方式点燃了人们的拥有欲望和自豪感。与此同时，它也为21世纪的消费者带来了他们所期望的安全、舒适与便利。自2001年以来，MINI至少进行了两次迭代升级，在保留其标志性的"基因"基础上衍生出了全系列车型。

尝试讲述从Mini到MINI的历程可谓是一个艰巨的任务。我希望既能够从"为什么""怎么样"，以及"为了什么"这三方面清晰地解读这"两款车"，还能阐述清楚是什么促进了这个进程。我有很多相熟的朋友，他们有的坚守初版Mini，有的却购买了全新MINI，他们之间时常关系"紧张"。尽管驾驶新车的人对经典Mini有着莫名的亲切感，但1959至2000年间的Mini铁杆粉丝却很少会喜欢它的继任者。他们觉得新款MINI太笨重也太花哨，违背了设计师伊斯哥尼斯所崇尚的极简主义。没有什么能够改变他们的初心，这份忠诚与热情理应得到我们的尊重甚至是钦佩。

但毫无疑问的是，2001年推出的MINI非常惊艳，尤其是它所提供的高品质标准及最大限度的可定制化服务。与汽车行业其他品牌一样，MINI也开启了其电动化的进程，将设计师伊斯哥尼斯所理解的驱动方式升华，将内燃机驱动边缘化。虽然未来将是一个不同于伊斯哥尼斯所熟知的，全新的汽车时代，然而每一位喜欢个性汽车的驾驶者都期望MINI能够继续保持其以独特性而著称的地位。

○─【左图】1986年，电视节目主持人、汽车发烧友诺埃尔·埃德蒙兹（Noel Edmonds）（站在车门旁）获得了可以驾驶第500万辆Mini离开生产线的特殊待遇。

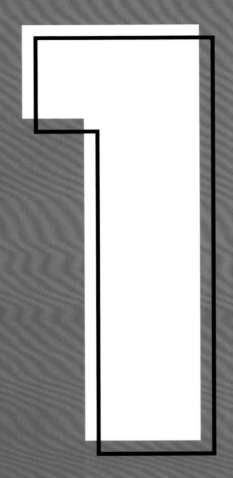

CHAPTER

属于每个人的汽车

摆脱了危机和争议，就如同分散的行星突然间列队成排，这仿佛预示着，人们所渴望的全新经济型交通工具的诞生环境已经成熟。

早在20世纪50年代中期，在Mini汽车还没有投入市场之前，人们对一辆可信度高的"大众汽车"的渴望推动了整个汽车行业的发展。这是因为起初汽车不过是超级富豪们心血来潮时的玩物——一个用来周日下午外出游玩的玩具。一旦工程师们学会了如何驾驭动力和控制行车方向稳定性，它就会变成一种机械"赛马"，为驾驶者提供刺激的体验，让大众叹为观止。

20世纪30年代，德国政府一直致力于让每个公民都能负担得起开车的权利。大众汽车（或"人民的汽车"），实际上是德国劳工阵线于1934年提出的定义。无论整个政权的风气多么扭曲，纳粹所提供的汽车对当时在街上步行、骑自行车或摩托车的人来说，其吸引力是不可抗拒的。Kraft durch Freude汽车（翻译过来就是"快乐即力量"，简写为KdF，也就是后来的大众牌汽车）其实是同名项目的一部分，该项目致力于让每个人都能够体验并负担得起以前中产阶级所追求的生活，例如度假和旅行。费迪南德·保时捷(Ferdinand Porsche)教授负责主持打造这款后置发动机的轿车或敞篷车，它被设计成一台"绝对安全的设备"。与此同时，第三帝国（指希特勒统治下的德国）发明了一种突破性的分期付款计划，即使是相对贫穷的人也可以买得起一辆大众汽车（Volkswagen）——这是一种基于优惠券的储蓄计划，通过该计划，德国人每周只需分期支付5德国马克，就可以订购一辆总价为990德国马克的KdF汽车。截至1939年，有近17万个渴望买车的人开设了该账户。

这个"全民振兴"计划，就像整个纳粹政权一样，最终注定是要失败的，尽管大众"甲壳虫"车型本身确实取得了巨大的成功。

然而，早在1908年，亨利·福特的公司就取得了一些类似的成就。通过将自动化和大规模生产引入他在底特律工厂的装配线，Model T的成本得以被降低——这是一辆扎实而简洁的汽车，其较高的最小离地间隙使其非常适合在美国大部分未经修整的路面上行驶——甚至连制造它的工人也能买得起。这款车的销量呈爆炸式增长，福特在接下来的19年间共售出近1500万辆Model T。

○ 【上图】较高的最小离地间隙及坚固的结构使福特Model T完美地适应了美国崎岖不平的道路。其本身的设计，再加上亨利·福特高效的大规模生产技术，大大降低了成本，从而很快带来了数以百万辆的销售业绩。

♂ 【上图】这辆雪铁龙Type C 5CV小型汽车诞生于1922年;在充分考量消费者的反馈后,这款车用电动的起动机替代了摇把,以吸引越来越多倾向简便操作的女性驾驶人。

♀ 【右图】在英国,赫伯特·奥斯汀(Herbert Austin)敏锐地意识到,新一代驾驶人真正想要的是一辆经济实惠且小巧的"普通"汽车。1922年,他用Austin Seven向世人交出了一份惊喜的答卷。

1936年，菲亚特推出了500 Topolino，这款车的受众不仅限于传统中产阶级群体，菲亚特想用这样一款小巧、经济型的汽车扩张到更大的市场。尽管看起来这是一款面向城市生活的双座车，但它却因"大型车的缩略版"而闻名，比如拥有水冷式四缸发动机、流线造型和四速变速器。

介于Model T和"甲壳虫"之间的年代，Topolino为英国汽车保有量的增长做出了突出贡献。1922年，赫伯特·奥斯汀(Herbert Austin)推出了第一辆"真正的小型汽车"——拥有四轮、四座及四个气缸的Austin 7（Austin Seven）。在繁荣的20世纪20年代，有钱的驾驶人开玩笑说，你需要买两个"7"，每只脚踩一辆。但这款车的设计理念大获成功。

○ 【上图】Topolino这个名字意为"小老鼠"，有时也称为"米老鼠"，不过，1936年推出的菲亚特500 Topolino才是意大利人心目中500系列真正的鼻祖，具有真正意义上的进步，而不仅仅是迪士尼的幻想——一辆小巧的城市汽车，时尚且易于驾驶。

其精巧的设计、紧凑的尺寸、低廉的成本——以及122英镑的起价——使其几乎成为当时大多数摩托车衍生产品"小型三轮汽车"的克星。Austin Seven同样也走向全球，在德国、法国和美国都获得了生产许可，并成为日产达特桑（Datsun）车的前身。雪铁龙Type C也呈现了非常相似的思维模式，但它通过提供电动起动机进一步跨入了消费品领域：这种便捷方式取代了起动摇把和转动它时所必需的蛮力，极大地增强了它对女性驾驶人的吸引力。

在1945年的欧洲，当社会因第二次世界大战的动荡而变得茫然、疲惫和贫穷时，为普通人提供廉价汽车的任务已降至非常低的优先级。到处都是政府强制实行的紧缩政策和定量配给，而许多汽车工厂在战争期间遭到毁灭性的轰炸，变成了遍地瓦砾的废墟。整个欧洲的道路都处于危险状态，汽油通常很难购买到，而且只能优先配给诸如医生等享有特权的驾驶人。

1947年，雷诺4CV的发布预示着战后第一款普通人可以购买到的新车型诞生，它在外形设计和后置发动机布局方面都有着和大众"甲壳虫"异曲同工之妙。然而，在接下来的一年里，不同制造商对小型车的构想产生了耐人寻味的分歧。

在法国，雪铁龙2CV是极简主义的新尝试。它把风冷双气缸发动机、前轮驱动和长行程悬架结合在一起，这使得它即便在法国郊野都能灵活、可靠地行驶。而它单薄的车身、管状吊床式座椅和帆布车顶都是将制造成本削减到最低的好方法。

英国人则用一款莫里斯Minor交出了答卷。这款车比它最初看似谨慎的设想要激进得多，尽管侧置气门发动机的极限动力没什么特别之处，但它精确的齿轮齿条式转向和扭力杆式前悬架带来激进而灵敏的感受。它的设计师是一位名叫亚历克·伊斯哥尼斯（Alec Issigonis）的年轻人，他在20世纪30年代打造了属于自己的轻型赛车，因此他非常清楚一辆赛车在高速行驶中易于操控，且在恶劣环境下不易离地对安全性的益处。20世纪50年代初，这辆莫里斯注定成为英国远郊居民的最爱，在整整十年里，卓越的动力也让它从平庸的竞争对手中脱颖而出。

对于那些迫切希望全球地缘政治纷争成为过去式的人们来说，20世纪50年代出现了一些不那么令人愉快的"意外"。首先，1950年爆发了朝鲜战争，导致世界贸易重新陷入混乱，原材料和大宗商品的采购预算转而被用于供给突然增加的国防开支。美国和苏联之间紧张的关系意味着传统战争被新的冷战所取代。1956年，苏伊士运河危机爆发，埃及从当时英国殖民占领者手中夺取了苏伊士运河的控制权。这条狭窄的航运通道对世界贸易运转至关重要；只要打开世界地图，你就会发现其替代航线是多么遥远，例如一艘满载原油的油轮，转而绕道在最恶劣的海洋环境中行驶数千英里，这意味着要花费数周的时间。

这些发生在世界各个角落的不和谐问题也反映了一个事实，那就是燃料供应受到全球事件的影响极大。人们越想建立起以汽车为中心的生活方式，就越依赖汽车本身。如果汽油供应受到冲击，对个人和整个经济形势来说，其影响是巨大的。因此，在20世纪50年代，让一加仑（1加仑=4.55升）"果汁"走得尽可能远，而不至于让人们重新骑自行车远行，便成了真正迫切的需求。

幸运的是，一段时间以来，相当多的个人和公司已经解决了这个难题。这其中，就有英国工程师劳瑞·邦德（Lawrie Bond）的功劳。他于1948年推出了一款

【左上图】驾驶着第1000辆大众汽车的人名叫伊万·赫斯特（Ivan Hirst）。这位英国陆军少校主持了大众汽车工厂（VW）的重建，并为后来"甲壳虫"汽车的生产铺平了道路。

【右上图】这是设计师兼工程师费迪南德·保时捷（Ferdinand Porsche）设计的大众"甲壳虫"汽车原型。这款产品就是德国纳粹政府构想的一辆普通人也买得起的汽车。

【左图】于1948年推出的雪铁龙2CV，有时也被冠以绰号"锡蜗牛"，它的上市主要是为了解决法国农村或城市中低收入人群的通勤问题。这张剖面图揭示了2CV的技术特征，前轮驱动、长行程扭力杆悬架以及一台气冷双缸发动机。

【下图】大众汽车位于沃尔夫斯堡的大型工厂在20世纪50年代中期全面投产。全球对这款经济实用、制造精良、性能强劲的小型车的需求不断飙升，截至2003年，它已有超过2100万辆售出。

三轮Bond Minicar车型，由一台122毫升单缸摩托车发动机提供动力，每加仑汽油可行驶100英里（1英里＝1.61千米），具有惊人的燃油经济性。仅五年后，一家名为Iso的意大利冰箱制造商凭借超越Bond Minicar的依赛塔（Isetta）车型实现了巨大的飞跃，这是一款精巧的四轮汽车，同样使用轻便的单缸摩托车式发动机。它体型小巧得惊人，可以停在路边其他汽车中间，整个正面可以作为一扇门被打开，由此三个人(妈妈、爸爸和孩子)可以直接步入人行道上。邦德迷你车（Bond Minicar）有

👤【上图】1948年，莫里斯Minor为英国的小型家用车重树标准：它可以提供愉悦而安全的驾驶体验，尽管动力稍弱，其空间却很宽敞、充满个性。

苏伊士运河危机

英国于1882年夺取了苏伊士运河的控制权，尽管这条由奴隶劳工修建的运河于12年前就开通运行了。这条运河将红海和地中海连接起来，改变了全球航运的格局。尤其对油轮而言，这条捷径为西欧和东亚之间的航线节省了数千海里。

然而，到了1950年，埃及国王法鲁克（Farouk）向英国统治权发起了挑战，他要求英国军队撤离运河区域。一年后，伊朗人完全控制了自己的石油工业，彻底驱逐了1909年来一直在开采石油的英国合作伙伴。1951年11月，受西方势力支持的法鲁克国王被民族主义军事领袖贾迈勒·阿卜杜勒·纳赛尔（Gamal Abdel Nasser）推翻，英国在苏伊士运河周围进行了军事部署，埃及宣布进入紧急状态。政变后的紧张局势一直都未得到解决，直至1956年夏天，随着英国驻军的减少，纳赛尔重新夺取了苏伊士运河的控制权，并借此从全球航运中获取高额收益。他迅速将运河国有化，并使其成为新阿拉伯埃及共和国的重要组成部分。

在法国和以色列的帮助下，处于愤怒中的英国政府发动了军事攻击，运河在战斗中被截断——由此导致令欧洲苦不堪言的燃料短缺，石油供应不得不绕行"很长一段路"。全球都在谴责英国的傲慢行径，英国甚至也没有得到美国的支持。英国的行动于1957年以撤军告终，自那以后苏伊士运河一直为埃及所控制。然而，就在这一震惊世界的事件中，却诞生了一款可油耗极低的新型汽车……

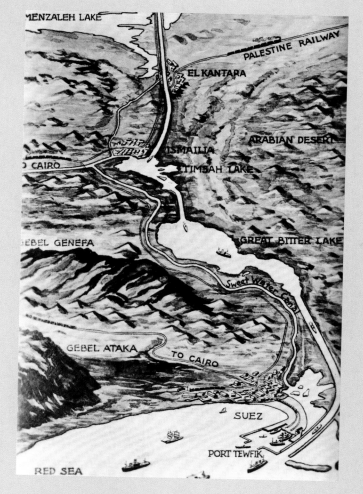

⚬— 【右图】这张明信片上的照片拍摄于20世纪早期，它充分展示了苏伊士运河的战略重要性。

一个简单的帆布车顶，但依赛塔是全封闭防雨的，它蛋壳般的外形很快为它赢得了一个绰号："泡泡车"。

这些小型汽车的命运好坏参半。在德国，它受到了热烈追捧，宝马购得了依赛塔(Isetta)的独家经销权，并销售了16万辆。宝马也有来自本土的竞争者——前坦克工厂以及战斗机制造商亨克尔（Heinkel）和梅塞施密特（Messer-schmitt），以及Fuldamobil Type S、马伊科（Maico）Champion、聪达普(Zündap) Janus以及Goggomobil T和TS——这些公司为了吸引消费者目光，都在积极寻求提供廉价的个人交通工具。这些所谓的微型汽车在法国、意大利和西班牙不太受欢迎，甚至在有大量进口车和国产车需求的英国也是如此。究其原因是，这些地方没有实施类似德国那种针对小型车或小尺寸发动机的道路优惠税收政策。这么看来，只有当设计被修改为三轮车，让它可以像摩托车一样享受同样低的道路税率时，它们才会受到青睐。

⚲ 【顶图】1949年，旧版菲亚特500被现代化的500C所迭代，就是这款Giardiniera旅行车，它在意大利和其他地方仍然非常受欢迎。

⚲ 【上图】虽然在其漫长的生产周期中取得了超过400万辆总产量的成绩，但2CV作为一款低成本汽车仍被视为非主流的选择，而它节能、坚固和舒适的特点其实很亮眼。

这些小型汽车往往速度慢、性能差、不可靠、噪声大，且安全性明显不高。它们通常使用烟雾很大的二冲程发动机，虽然它们可以用一仑汽油行驶许多英里一样。

与此同时，在该产品链的上层，莫里斯Minor算是一辆不错的小型车。其他小型轿车也加入到这一行列，例如奥斯汀A30（它是该公司推出的第一款采用一体化车身结构的轿车）、配备老式侧置气门发动机的福特100E Anglia，以及价格低廉但略显笨重的Standard 8。1945年，英国错失了生产一辆真正普及型汽车的机会，当时一个由英国汽车工业巨头组成的代表团前往德国，考察大众"甲壳虫"汽车及大众公司严重受损的工厂，希望将其作为战利品来接管。他们的报告措辞严明："这辆车不符合技术要求，而严格的技术标准又是一辆汽车所必备的。这款车的性能和质量对一般买家没有吸引力。它造型太丑且噪声巨大，这种车最多只能流行两到三年。"但看看大众"甲壳虫"随后的成功，足够发人深省：它的销量几乎是Minor的19倍。

英国以一种令人失望的方式想蒙混过关，却很快发现，大众汽车在最重要的出口市场——美国积聚了强大的竞争力，它通过提供可靠又高质量的产品重新定义了行业标准。经销商们喜欢卖这款车，因为他们很少会遇到怒气冲冲的顾客回来抱怨。

如果不是苏伊士运河事件的爆发，汽车业的状况可能会无限期地以这种自大自

满的方式继续下去。事件引发了对汽油供应的恐慌——甚至影响了燃料配给凭证的分发——使每个驾驶人都把注意力集中在他们的汽车每加仑能跑多少英里上。突然间，大量潜在的购车者越过主流汽车制造商提供的传统车型，再次以全新的热情关注这些经济型"泡泡"车。

类似依赛塔(Isetta)这类小型车突然间对当时的汽车工业秩序构成了真正的威胁。过高的关税使得进口车失去了竞争力，因此，有进取心的本地制造型企业掀起了一场小规模的"淘金热"，争相拿下Isetta、Heinkel Kabine和Fuldamobil等德国设计的制造许可证。

英国制造商对此感到震惊，其中至少有一家决定采取对应措施。英国汽车公司的首席执行官伦纳德·洛德(Leonard Lord)一直以观点直率而闻名。该公司于1952年由奥斯汀汽车公司与纳菲尔德（Nuffield）机构合并而成。

"这些该死的'泡泡车'！"他对同事——技术总监亚历克·伊斯哥尼斯大发雷霆道，"我们必须设计一辆更好的小型汽车，把他们从我们的道路上彻底赶走。"伊斯哥尼斯当时正着手启动一个项目，用来取代BMC的中档家庭轿车。在这场销售大战中，新项目遭到了福特·康索尔（Ford Consul）和西风(Zephyr)的竞争，很快这一切突然间都被搁置了。

⚲ 【顶图】这是20世纪50年代德国最先进的小型汽车之一，这款GoggomobilTS300紧凑的设计风格中带有一点儿阿尔法·罗密欧的神韵，并且为用户提供了最低的使用成本。

⚲ 【上图】来看第一款"泡泡车"——宝马依赛塔（Isetta），其单门由整个前面板组成，并以铰链固定在车的一侧，后方则是一台单缸摩托车发动机。

英国汽车公司

1952年，奥斯汀和莫里斯汽车公司将各自的资源集中起来，组建成一家庞大的公司——英国汽车公司（BMC）。BMC很快便成为世界第三大汽车制造商。它也是美国市场上最大的汽车出口商，除了货车和拖拉机外，它的汽车品牌组合还包括奥斯汀（Austin）、莫里斯（Morris）、MG、利兰（Riley）和威利斯（Wolseley）。

在合并之前，这个方案其实已被考虑过多次，且至少在纸面上它确实是一次合并——不牵扯股票、现金或资产在任何方面的易手。然而，从一开始就很明显，强势的奥斯汀董事总经理伦纳德·洛德(Leonard Lord)将把控新业务，且对未来所有新业务模式而言，奥斯汀也将一直发挥主导作用。

这两个公司的产品有相当大的重叠性。奥斯汀A30(见上图)和莫里斯Minor是直接竞争对手，而奥斯汀A50 Cambridge和莫里斯Cowley等车型也面临类似境况。1952年底，全新的奥斯汀-希利（Austin-Healey）跑车品牌与MG正面交锋。直到1959年，合理化模式才真正得以推行，但即使在那时，许多汽车仍是经过贴牌生产的，因此几乎相同的汽车可以通过奥斯汀、莫里斯等旗下经销商的竞争营销链同步进行销售。

这场内讧花了数年时间才得以平息，值此期间，BMC同时面临来自美国福特、英国沃克斯豪尔，以及迅速占领全球市场的欧洲品牌(尤其是大众)所施加的巨大压力。BMC发现虽然它拼尽全力却只能维持原状，但想到未来将产生更多的并购可能，这让它身心疲惫。

⚲ 【上图】直率的伦纳德·洛德(右)正在检查奥斯汀原型车上搭载的燃气轮机发动机。作为英国汽车公司的总裁，他决心颠覆小型车的潮流。

CHAPTER

独具匠心的设计

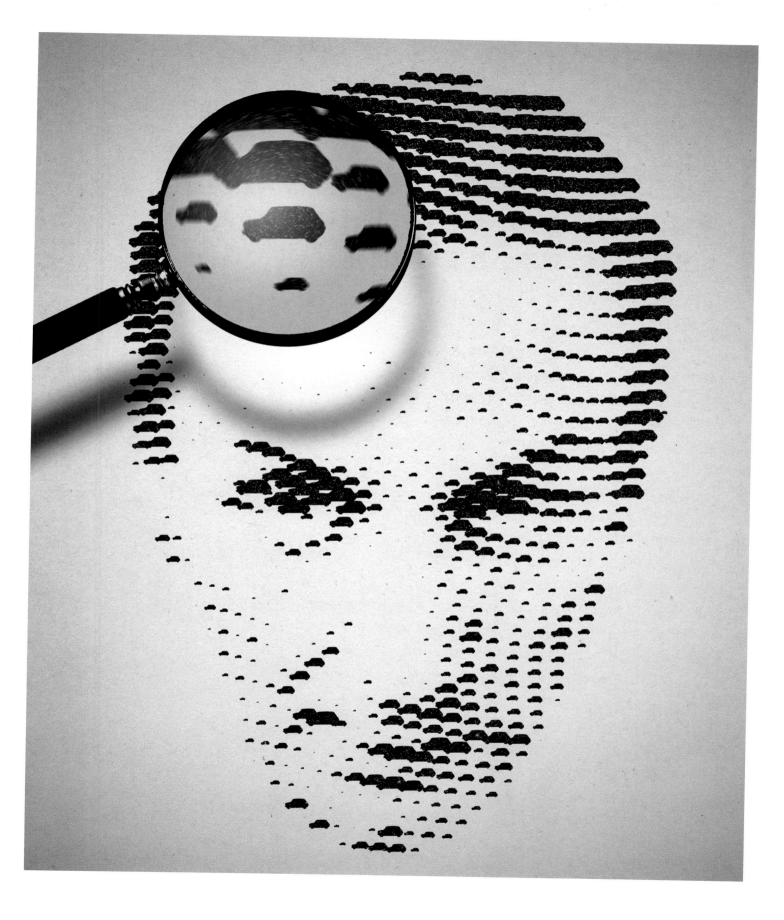

亚历克·伊斯哥尼斯和他的团队在多个方面都取得了突破，他们倾注了大量精力在创造新车型上……即ADO15计划。以下，是其缔造历程。

亚历克·伊斯哥尼斯如火如荼地主持生产一辆全新小型车，他的两个想法引人瞩目。其中一个是受到了雪铁龙Traction Avant的启发所诞生的前驱车型莫里斯Minor的原型车，这款车于1952年由伊斯哥尼斯在阿尔维斯（Alvis）逗留期间完成，并由一位充满热情的BMC工程师来试验驾驶；另一个则是伊斯哥尼斯为BMC主席李奥纳·洛德（Leonard Lord）起草的10项计划书，其中主要列出了这款新车的技术难点。

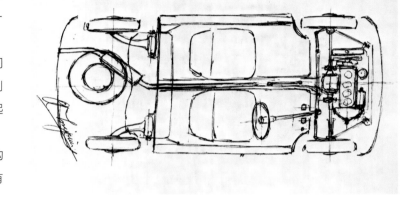

这两个想法是为了实践洛德对一辆全新小型车的大致构想。他指定这款新车必须比Minor更紧凑且经济实用，但仍有足够的车内空间可容纳四名成人。换言之，和那些"泡泡"车不同，一辆真正的汽车应以极低的价格出售，从而说服每一个对Isetta和Bond Minicar不屑一顾的消费者前来购买。另一方面，洛德一再警告，因为不可能有新的动力型号，所以新车将不得不使用现有的发动机。

最后这个限制对伊斯哥尼斯来说并不是问题。尽管以前他曾激情满满地为创新型发动机游说，例如莫里斯Minor曾搭载的那台水平对置式四缸发动机。但这一次，他已经有了BMC的A系列四缸发动机，它已在一定数量的莫里斯Minor及Austin A35上得以成功应用。

洛德提出的所有要求中，最后一项却也是最艰难的：这款车的设计、开发和投产只给予两年多的筹备时间。现在已经是1957年3月。尽管时间紧张，但伊斯哥尼斯信心百倍，这是因为他通过巧妙地谈判，获得了对整个项目的完全控制权。

Minor卓越的前轮驱动性能让他彻底打消了任何后置发动机的念头。事实上，

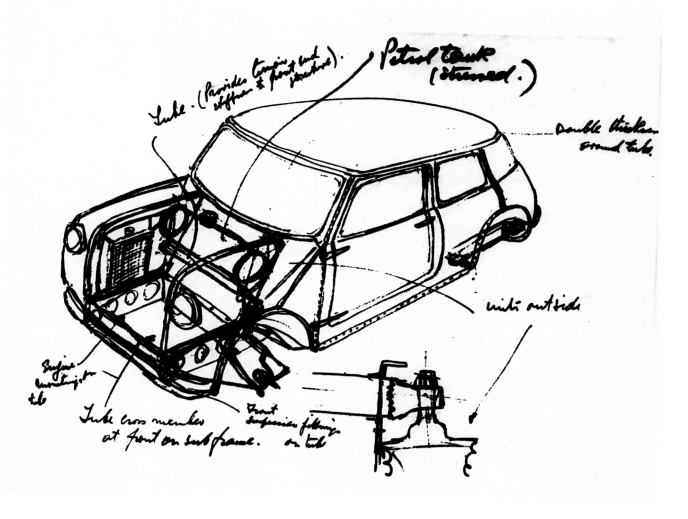

Tube. (Provides (engine wt) stiffness & front structure).

Petrol tank (streamed.)

Double thickness cround tube.

mini outside

Engine mounting to tube

Tube cross member at front on subframe.

Front suspension folding on tube.

◊ 【上图】伊斯哥尼斯在1958年绘制了一幅著名的草图，描绘了他眼中这辆车的结构，尽管这只是初步阶段的构想，且前副车架仅仅是设想的一部分。

○ 【对面图】伊斯哥尼斯为新款经济型汽车绘制的另一幅钢笔草稿清晰地展示了沿着中央通道向下延伸的排气管，这是该车强化抗扭刚度的一个关键因素。

在ADO15计划实施中，紧凑的车辆动力被安装在一个相对宽敞的发动机舱内，这也促使他产生了横向安装发动机的想法——从左到右，而不是从前到后纵向安装发动机。他在图纸上、餐巾纸上、成为传奇的烟盒上，甚至是在整个桌布上绘制了各种素描草稿，最终伊斯哥尼斯在其可视化作品中，增加了一个横向安置发动机的结构，由此把轮子的位置推到了两厢结构的角落:前舱安装发动机，更大的后舱则作为驾乘舱。当然，他还可以借鉴已经完成的XC9001原型，它被认为是奥斯汀A55 Cambridge的替代者，最终它以大型四门版车型出现，这也成为最终的Mini车型之一，后来演化为ADO16计划。

早在20世纪30年代，就已经诞生过一款采用横置发动机的前轮驱动汽车。1931年的DKW Front加装了一款又高又窄的双缸发动机，这就给变速器留出了足够的空间得以安装在发动机的一侧。而对BMC的"新生儿"来说，直列四缸A系列发动机太长，当其被安装在汽车上时，它就会把前轮之间的空间都填满。这促使伊斯哥尼斯针对变速器的位置进行了创新性设计：位于发动机下方的油底壳内部——或者更确切地说，曲轴下面变成了一个可延伸的油底壳，其后是变速器和主减速器组合单元。

他决定让这辆车的长度不超过10英尺（1英尺＝0.305米），因此整车如何布局备受关注。它空间的80%都给了驾乘舱。由于汽车后部没有独立的行李舱，这自然会限制行李的存放空间，但伊斯哥尼斯利用车内的最后一点空间来装载行李。

由于早期的原型车很难应对前轮驱动系统对其单体车身结构施加的压力，所以决定将主要组件安装在前后独立的副车架中。动力通过等速万向节传递到前轮，这种万向节由捷克工程师汉斯·雷帕（Hans Rzeppa）于20世纪20年代发明，是根据应用于潜艇指挥塔的球笼式万向节改装而成的。它们包括一个由三个球笼包围的球轴承，其中两个与进、出传动轴分别连接，一个则是更简单的内端柔性联轴器。反过来，它拥有足够的转向角度，不会导致变形或出现不当的连接，由此最大限度地减少了转向中的转向盘回弹。

新车型的悬架则是一种节省空间的系统，对驾乘舱空间的影响最小，却非常有效。20世纪30年代，伊斯哥尼斯曾在他的轻量化特别版车型上试验过基于橡胶应用的悬架，后来这个新系统经过他的朋友、工程师亚历克斯·莫尔顿(Alex Moulton)博士完善。它采用了两个紧密的金属锥，中间有一层橡胶，而不是通常的螺旋弹簧、扭转片或叶片弹簧。上锥体用螺栓固定在副车架上，较低的则被安装在车轮支架上。

随着压力的增加，橡胶逐渐硬化，这使得渐进式悬架装置拥有良好的可调性，可以适应从只有驾驶人到四人坐满的重量变化。轻量的组件非常易于吸收冲击，仅仅一个小型可伸缩阻尼器——减振器——即可实现；它们被固定在外侧的前上横臂和后纵向控制臂上，以缓冲突然出现的冲击力。另一项节省空间的措施是使用了10英寸（1英寸＝2.54厘米）直径的车轮，这是迄今为止安装在传统四座轿车上的最小车轮，是邓禄普(Dunlop)公司根据伊斯哥尼斯的需求特殊定制的。

♀ 【左下图】1957年的这款设计模型——请注意并没有座椅——展示了最初的前置发动机布局以及保险杠的设想，这种设计最终在Mini上得以实现并为人所熟知。

♀ 【右下图】从这张罕见的档案图中你也许看不出什么，但XC9003被漆成橙色，且有一条乳白色的腰线和一个黑色的篷顶，这就是其绰号"橙色盒子"的由来。

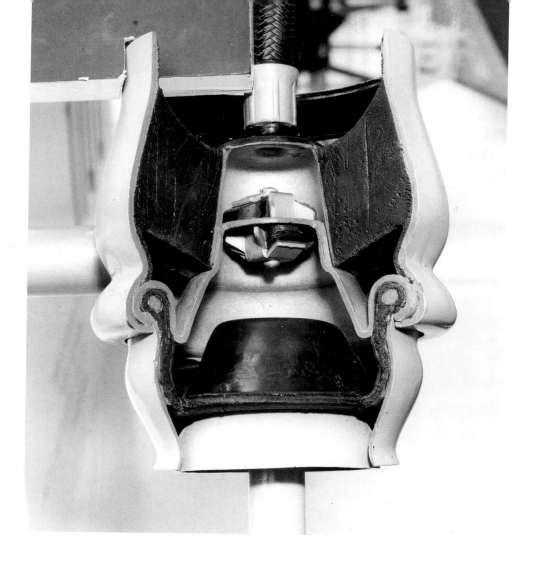

○— 【左图】这是亚历克斯·莫尔顿 (Alex Moulton)设计的一款革命性橡胶锥悬架装置，无论载重大小，它都能让这辆小车保持极佳的操控状态。

○ 【下图】整个Mini的动力总成由前副车架支撑，此图清晰地展示了向两个前轮提供动力的等速万向节总成，以及从油底壳中伸出的长变速杆。

伊斯哥尼斯一直痴迷于空间利用率，因此这也成为车内设计环节的重点。使用滑动车窗不仅节省了制造成本，还腾出了门框的空间。这些空间一部分供给肘部活动，一部分变成模铸在内饰板中的深储物箱，可用来存放地图或提袋，后排座位旁甚至还有配套的垃圾桶。

类似的开放式空间愿景同样体现在极简主义的仪表板设计上，它是一个硕大的圆形刻度盘，融合了测速仪、燃油表、油压警告灯、蓄电池警告灯和照明灯提示等功能。它没有嵌入到仪表板框架中，而是安装在一个全车宽的架子中央，架子两边都有空间，可以放置手套、袋子、包裹和书籍。下面是驾驶人唯一需要操作的开关：用来控制风窗玻璃刮水器和照明。

接第32页

亚历克·伊斯哥尼斯

亚历山大·阿诺德·康斯坦丁·伊斯哥尼斯（Alexander Arnold Constantine Issigonis），昵称亚历克（Alec），被誉为Mini车之父，他也的确是一位非常有远见的人物。虽然许多人根据自己的喜好设计并制造了各种汽车，但很少能像Mini那样获得如此巨大的成功和深远的影响。

作为拥有英国和希腊血统的工程师父亲和德国裔母亲唯一的儿子，他于1906年11月18日出生在土耳其小镇伊兹密尔[Izmir，当时称为士麦那（Smyrna）]。1924年，父亲去世，他和母亲定居英格兰。两年后，他开着一辆小型的辛格牌（Singer）汽车上路，载着他的母亲走遍了整个欧洲，在旅途中，他学会了如何让汽车一直以良好的状态持续行驶。这段经历也激励他步入伦敦巴特西理工学院(Battersea Polytechnic)，尽管他有些不情愿，且对数学并不感冒，但他仍旧开始了为期三年的机械工程课程进修。令人惊奇的是，他证明了自己可以成为一名直觉敏锐、才华横溢的汽车工程师，他用自己设计并改装过的奥斯汀·七·阿尔斯特(Austin Seven Ulster)参加赛车比赛，并发现自己在这行谋得一份工作并不难——1928年，他开始在Reduction Gears公司工作，并自主研发了一款半自动变速器。1934年他加入了考文垂亨伯（Humber）公司的设计团队，负责独立车轮悬架的研发，这在当时是最有前景的全新车辆技术。两年后，他搬到牛津的莫里斯公司做同样的事情，并通过打造一辆单座赛车而一战成名，给他的同行们留下了深刻的印象。其所谓的"轻量级特别版"（Lightweight Special）车型完全由手工打造完成，应用了巧妙的技术解决方案和节省多余体积的方法。

第二次世界大战期间，伊斯哥尼斯曾密切参与了实验性军用车辆的研发，但在时间允许的情况下，他得以完善了民用车"蚊子"设计，这是一个针对战后市场而开发的紧凑型四座汽车，这款对莫里斯至关重要的新车于1948年以莫里斯Minor之名正式推出。该车型的问世再次向世人展示了伊

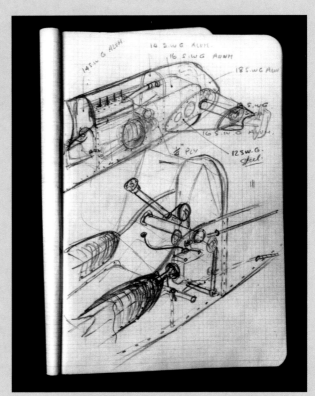

⚲ 【上图】这是伊斯哥尼斯众多笔记中的一页，展示了一些他倾注在其轻型赛车上的不懈创造力。

斯哥尼斯惊人的创造力，同一年，他被任命为公司的总工程师。1959年，这辆小型车上市，非常受消费者欢迎，而莫里斯Minor也成为英国汽车历史上第一辆销量超越100万辆的车型。

1952年奥斯汀与莫里斯两家公司的合并（即BMC——英国汽车公司），令伊斯哥尼斯深感不安，他预见自己的影

♂【上图】这位传奇人物和一些他的最爱，包括早期的Mini和莫里斯Minor(左)，照片拍摄于长桥工厂（Longbridge），绰号为克里姆林宫（Kremlin）的设计中心内。

响力正在减弱。后来他接受了Alvis的技术总监一职，任务是开发一款全新的V8豪华轿车。实现对这个项目的全权把控无疑维护了伊斯哥尼斯的自尊心。自从Minor大获成功后，他已经习惯并逐渐坚持按自己的方式做事。换言之，要么遵循他的意愿，要么根本就不做。然而，他在Alvis三年的努力，随着公司不得不取消这一成本高昂的项目，一切化为乌有。1955年，他回到BMC，担任副工程总监。

Mini看似短暂却几近疯狂的研发历程中，充满了伊斯哥尼斯的个人色彩。他在坚持自己原有理念的同时，一步步去解决困难。考虑到此次任务的紧迫性，他的傲慢和坚持掌控全局的顽固态度却成为一种优势，尽管同事们经常抱怨他令人恼火，且往往很粗鲁。不过，他对这项挑战的热情是无极限的。午餐时的餐巾纸上，或者是他随身携带的小画板上，这位狂热的工程师不断地进行计算并绘制草图，一点一滴的灵感都要记录下来。他的团队必须努力跟上其永不停歇的工作状态。

伊斯哥尼斯立即着手组建16号奥斯汀绘图办公室（ADO 16），该项目后来成为奥斯汀/莫里斯1100车型;再之后便是ADO17,1800车型，连同相关的Aus-tin Maxi 及 Austin 3- Litre车型。

1967年，伊斯哥尼斯当选为皇家学会成员，在科学界赢得了广泛赞誉。然而，在1968年BMC成为英国利兰汽车公司的一部分后，他的权力开始被瓦解，且没有从BMC在制造他涉及的汽车时所产生的微薄利润中获益。因此，尽管他在1969年获得了爵士头衔，但担任研发总监的时间却很短。1971年退休时，同事们送给他一组大型麦卡诺（Mec-cano）玩具套装作为告别礼。在那之后，公司又聘请他做了15年的设计顾问，但他对公司的整体战略几乎没有实质上的影响力。

伊斯哥尼斯于1988年10月2日逝世。他终身未婚，直到1971年其母赫尔达(Hulda)过世前，他们都定居在伯明翰的埃格巴斯顿(Edgbaston)。他是位聪明、机智、有魅力的人，喜欢参加聚会，以及任何与他最爱的杜松子酒有关的社交活动。虽然他经常会裁掉那些他认为知识层面上缺乏严谨性的人，但伊斯哥尼斯同样也坦诚到令人难以设防。1986年，在他80岁生日那天，有人问他是如何定义自己的，工程师、科学家还是建筑师？"一个五金商！"他"尖锐"地反驳道。

ʎ【上图】第二辆XC9003原型车即将完成，发动机处于初始位置，进、排气均在前部，发动机舱盖可以开启至保险杠位置。

　　充分理解伊斯哥尼斯是与其维持良好工作关系的关键，他的团队关系紧密，包括长期与之共事的杰克丹·尼尔斯(Jack Daniels)、克里斯·金汉姆(Chris King-ham)和约翰·谢泼德(John Sheppard)。他们一起在所谓的"克里姆林宫(Krem-lin)"工作，这是奥斯汀长桥工厂(Austin's Longbridge Factory)位于伯明翰附近的工程中心的昵称。他们一起独立工作，为ADO15计划中许多"不起眼"而关键的设计做出了巨大贡献。例如，由于发动机舱盖下的空间有限，冷却风扇被安装在发动机的一侧。由于底部空间不足而无法安放蓄电池，所以它被装备在汽车行李舱里，用一根和车体一样长的电缆通过专用通道连接。这种布局极大地分散了重量，确保汽车不会拥有过于沉重的前车鼻。顺理成章地，地板上还预置了一个按钮，在最方便而节省成本的位置来实现蓄电池供电的切断。与此同时，一个用于限制后制动器压力的阀门，有助于防止汽车在陡坡上突然制动时抱死。

除了传动系统本身，另一个使ADO15拥有非凡驾控潜力的因素是它的抗扭强度。车壳只有309磅（1磅＝0.453千克）重，其出色的刚度是由两个从前延伸到后的门槛，位于车辆中部的一个轻量化通道（装有承重排气系统）和轮拱提供的。横向而言，发动机舱和驾驶室之间有一个坚固的隔板，前排座椅下面有坚固的横梁，贯穿行李舱的后舱壁也进一步加强了刚性。由此，这种设计理念也赋予轻量化车身支柱和应用大窗户的可能性，使整车轻盈且通风舒畅。

原型车就已表现得极为生动，甚至其速度有点太快了。发动机采用四缸、三轴承曲轴、顶置气门装置，这台排量为948毫升的A系列发动机移植自Minor 1000车型。它在每分钟5500转的转速可产生37马力（1英马力＝745.7瓦）功率，这使得这款重量为1323磅的轻型汽车拥有了强劲的动力，加上制动系统和悬架的完美匹配，最高速度可达93英里/时。

1957年7月，伊斯哥尼斯邀请洛德来工厂参观第一辆原型车。洛德试驾一番后，伊斯哥尼斯接过了转向盘。"我们开车绕着工厂转，开得有些疯狂，"伊斯哥尼斯后来回忆道，"我敢肯定他当时很害怕，但他对这款车的方向稳定性印象

♀ 【下图】这个幽灵般的侧立面清晰地展示了ADO15的巧妙布局——伊斯哥尼斯的10英尺小型汽车设计计划：近80%的空间都预留给了乘客和随带物品。

深刻——这是那个时代其他经济型汽车所无法比拟的。当我们在他办公室外停车时，他从车内出来，简单地肯定道：'好，那就造这辆车吧！'"

伊斯哥尼斯和洛德决定采用排量更小的848毫升发动机，提供更适宜的34马力功率和更从容的加速度，最高速度可达72英里/时，与之匹配的10英寸轮毂后方的小型鼓式制动器也可以应对自如。

作为设计团队高效率的印证，1957年7月这辆车的木制模型完工，仅三个月后原型车就开始试验了，伊斯哥尼斯的所有手绘草图都变成了可行的工程图纸。这是一个令人难以置信的壮举，在短短七个月之内，把所有惊艳的想法变成现实。当然，这主要归功于伊斯哥尼斯，一个教条主义却也充满激情的复杂人物。

伊斯哥尼斯坚持认为，车身外壳连同车门铰链一样，应采用外部焊接接缝而不是传统的隐蔽内部接缝。这种想法是为了腾出更多的车内空间，并节省成本和制造时间。尽管这种"节约"的想法时常备受争议，但ADO15项目的特殊性却变成其

🔖 【上图】亚历克·伊斯哥尼斯设计的三辆前轮驱动汽车在20世纪60年代重新定义了汽车:从左到右,奥斯汀1800,奥斯汀1100和奥斯汀Mini。当然,它们的莫里斯版本也可以买到。

🔖 【对面,上图】英国汽车公司(BMC)巧妙地将莫里斯的一辆Mini- Minor汽车切成两半,以剖面图的形式展示其独一无二的设计:它给世人提供了一个很好的思路,即出色的抗扭刚性可以使车顶支柱"瘦身"成为可能。

🔖 【对面,下图】这一次,这位摄影师的助手在Mini的许多储物区塞满了行李物品,包括切成两半的行李箱、行李舱里的一个购物袋,以及后座下的一个柳条篮。

独树一帜的所在。就像ADO15的每一个视觉元素,它们完全是由逻辑和实用性决定的,因为伊斯哥尼斯强烈抵制夸张造型化或轻浮的设计。

事实上,整辆车的外观都是伊斯哥尼斯的作品,仿佛是从他的草图中搬到现实中一样,并根据他精确的要求在整个建造过程中反复修改,从模型到可驾驶的实车。第一台原型车,因为其特殊的喷涂颜色而被昵称为"橙色盒子",它装备了奥斯汀A35的直立格栅,发动机舱盖可以开启至保险杠的位置。后来于1958年进行了改进,例如采用了更低、更宽的进气口,让ADO15更受瞩目。

不过,仍有一些变化需要落实。例如848毫升发动机被调转,这样它的进、排气管道就在后面而不是前面。但这个团队仍然在短短12个月中就取得了令人瞩目的成就。随着新规格的签署,11辆符合标准的原型车被精心打造出来,其中最后有6辆被认定为预生产模型。

1959年4月的长桥工厂,两条原本计划制造全新Austin7的生产线转为手工生产Mini;一个月后,第一批的十辆莫里斯Mini- Minors车型在莫里斯的考利工厂诞生。截止到6月,生产已实现正常运营,每周有100辆汽车进入BMC的两个经销商网络。这样,当1959年8月26日,英国有史以来最令人兴奋的小型汽车向世人亮相之时,可以保证有充足的库存。

在公众好奇下问世

Mini的诞生是汽车行业的传统思维与大胆想象力的碰撞成果。最初的那些抗拒之声很快变成了赞美之词。在本章，我们将解读它是如何被制造，如何被销售，它带来了什么，以及它是如何改变了竞争对手的固有思维方式等。

1959年8月26日，星期三，此前被命名为"ADO15"的计划伴随奥斯汀Se7en和莫里斯Mini-Minor这两款车的发布而逐渐明朗。

选择这些品牌名是为了借助以前知名车型的影响力，从而最大限度地为奥斯汀版车型迅速博得大众的关注。"车轮上的魔法"是莫里斯的营销口号，而奥斯汀用的则是"不可思议的Austin Se7en"。在长桥工厂举行的一场以魔法为主题的发布会上，在一项巨大的假礼帽下隐藏的是新车、乘客以及诸多行李物品。

开始时，这个"Mini"前缀的使用几乎是偶然的。

为了抢先在英国另外两款重要小型车——Ford Anglia105E和Triumph Herald之前发布，这款车的亮相被提前至9月。敏锐的汽车观察员当时已察觉到，Mini已在伯明翰和牛津之间的道路上进行试驾，甚至还被悄悄带进经销商店里。但对大多数英国民众来说，英国汽车公司(British Motor Corporation)的新款小型车完全是一种对文化的冲击——至少与Austin A35及Morris Minor相当不同。

在公开亮相的前几天，媒体应邀前往位于萨里郡乔布汉姆的英国陆军绝密军用车辆试验场，在此与新车会面。没过多久，记者们就察觉到新品的与众不同之处。例如，《Autosport》杂志记者约翰·福尔兹（John Bolster）就慷慨地

○ 【上图】有趣的储物空间：也包括Mini后座垫下的实用小角落。

赞美了这辆车的整体设计，他认为伊斯哥尼斯设计的这辆850毫升BMC轿车的安全性比其他任何小型汽车都高。《Country Life》杂志指出，"新车型无疑为设计经济实用型汽车提供了一种全新方法。"这是因为伊斯哥尼斯和他的团队以纯粹的设计逻辑击败了著名的大众汽车公司和雪铁龙公司。

与此同时，《The Autocar》的读者被一份由四个篇章组成的评估报告中的第一篇所吸引，而这份报告的关注度远远超过了8月最后一周发布的其他内容。两名记者驾驶一辆Austin Se7en轿车进行了一次长达8197英里的公路测试，他们从伦敦出发，穿越地中海，然后折返。在这疯狂的一周时间里，这辆车疾驰穿越了欧洲和中东的诸多国家。

从伦敦到亚历山大港单程就需要3320英里，但随后他们又尝试了更为严苛的长途测试，在24小时内行驶662英里并穿越土耳其，在利比亚以平均66英里/时的速度驾驶了一个半小时。在到家之前，这对夫妇以平均每加仑汽油行驶36英里的速度共消耗了228加仑燃油。然后BMC把测试车开回去拆解分析。综合来看，其表现

ᐤ【左上图】在游览欧洲南部时，一辆早期的Mini轿车在直布罗陀当地著名的岩石脚下停靠小憩。

ᐤ【右上图】从Mini的底盘可以看出，用螺栓拧紧的副车架以及蓄电池、排气装置是沿着中央加强通道排布的。

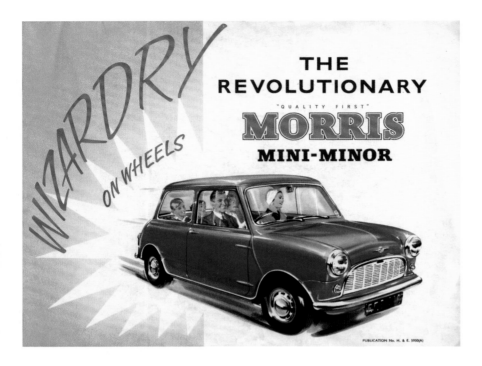

均令人惊喜。由于温度过高损坏了活塞，但这只是因为散热器盖密封不良造成的，而减振器安装在悬架下方，悬架托底时有些受损，这是一个当时广泛存在的缺陷，且这个问题已经在生产线上得到了解决。

由于整个欧洲比地中海沿岸国家潮湿得多，测试人员在返回英国时遇到另一个问题——发动机熄火。由于汽车的发动机已被横置安装，它的节温器通过散热器面罩板条，直接暴露于道路行驶产生的污垢中，插头引线很快就会受损。最终，用特殊设计的塑料防尘罩覆盖住节温器和关联线圈，从而完美地解决了这个问题。后来又有了一个更加快捷的修复方式，即用一个简单的金属挡泥板来保护它们。

但这并不是Mini遇水时出现的最大麻烦。在大雨天行驶状态下，许多早期生产的车子容易被灌水。起初，备受困惑的BMC工程师们试图通过利用泡沫泵入车体内腔来解决这个问题，但最终，他们重新设计了地板结构，以阻止水通过主地板与搁脚板之间重叠的连接处渗入。并且，他们也找出了地毯表面锈蚀和潮湿的原因。此外，为了消除机械噪声，有必要对等速万向节进行重新设计。变速器的同步齿轮强度不足且容易磨损，许多变速器不得不在保修期内以昂贵的价格对其进行更换，这需要重新考虑是否采用新的阻尼环设计。一个更坚固的排气管支架也同样有必要，因为这有助于提升承载能力。

这些都是严重的问题，公司需要付出高昂的代价来补救。不过，这主要是因为Mini的开发速度比预想的快了一倍，且这款车10英尺长的外壳里堆叠了大量的新技术。事实上，问题的出现是不可避免的。

⊙【左顶图】或许是平面艺术家降低了乘客身高，在这本关于最初版Mini-Minor的小册子中，其车内空间给人留下了"错觉"。

⊙【右顶图】奥斯汀的市场营销策略并不包括Mini品牌，但一款别致的Se7en却赫然在列，这是为了迎合英国人对战前经济型汽车的怀念。

⊙【上图】卓越的设计给Mini带来了前所未有的灵活性，在此之前，没人在任何燃油汽车上见过这些特征。

○ 【顶图】在20世纪60年代初的伦敦，汽车成为人们交通出行最理想的选择，一辆Austin Mini Traveller正紧随在一辆标配版Austin Mini 后面。

○ 【上图】这辆莫里斯Mini- Minor可以说是一辆"豪华车"，它拥有可以打开1/4的后玻璃窗及镀铬装饰件。

Austin Se7en和Morris Mini- Minor除了散热器格栅、轮毂盖、徽章和可选色的车身涂料外，几乎完全相同：Se7en有格子尼（Tartan）红色、斯比德韦尔（Speedwell）蓝色或法里纳（Farina）灰色可选，Mini- Minor则有樱桃红色、克利伯（Clipper）蓝色或古英伦白色可选。

你可以用419英镑的价格购得一辆过时的福特103E Popular，因此Mini并不是当时市面上最便宜的车。但497英镑是其税后价格，这非常有竞争力。潜在买家也在适应低价策略带来的市场冲击。首先，行李舱内的行李容积只有6.83平方英尺，空间狭小，但底部铰链盖可以打开，从而形成一个更开放的、可存放大件物品的水平行李台，顶部铰接处的车号牌可以放下来，这样就可以看清后面的车辆情况。车内并没有车把手——伊斯哥尼斯提供了用一根舒适且简洁的绳带来关闭车门。

那些习惯了仪表板正对视线的驾驶人们，对这个在正中央安装仪表板的设计感到惊讶（这是一个精明的举措，因为可以节省左置转向盘Mini的制造成本）。这里

△ 【上图】一辆奥斯汀Se7en几近装配完成，斑驳的阳光透过屋顶投下来；旁边那些是组装成型的奥斯汀A40。

还可以是放置手提包或帽子的地方。在每扇车门和每一个后座旁边的深层储物箱里都留有更多的储物空间以放置很多杂物。伊斯哥尼斯曾开玩笑说，Mini车上的四个"口袋"是按照他最喜欢的鸡尾酒（一种干马提尼酒）的精确比例设计的。对他来说，这是一个27∶1的混合物——27瓶杜松子酒加1瓶干苦艾酒。

Mini对汽车行业产生了巨大影响，也标志着英国工业创新在经历了彗星(Comet)喷气式客机等挫败后的全面复苏。当时许多人认为，Mini在头两年几乎是失败的，1959年只生产了19749辆汽车，而它的第一个完整生产年份——1960年，只下线了116677辆。诚然，1960年的数据远低于BMC预测的每年20万辆，但我们需要正视的是，只有生产线正常运转，才能彻底解决初期生产问题。尽管如此，它仍远超了奥斯汀A35s 75000辆的年产量。

不过，Mini也并非一夜成名。除了工厂问题外，这款如此与众不同的产品最初也遇到了一些其他阻力——即其他新车型的冲击。伊斯哥尼斯对简洁设计的坚持导致了这款车没有多余的镀铬饰件，也没有具有航空设计灵感的装饰性散热片，且他对保险杠和前照灯这类强制性功能的设计始终坚持紧凑、实用主义的态度。前窗是简单的老式滑动窗，因为伊斯哥尼斯讨厌在驾驶中听收音机，所以根本就没有给它预留安装空间！

日益激烈的竞争

福特在默西塞德郡（Merseyside）制造的安格里亚（Anglia）车型以589英镑的价格开售，而科迪纳（Cortina）研发项目也正如火如荼地进行,此项目的目的是找出BMC是如何将Mini"压缩"到497英镑这一惊人性价比的。

○ 【左上图】1959年另一个重要的车型初次亮相。它是意大利出品的、风靡一时的Triumph Herald，尽管它比最便宜的Mini还要贵200英镑。

○ 【右上图】1963年推出的后置发动机"希尔曼小恶魔"（Hillman Imp）车型拥有很多"变态"的功能，比如可打开的后窗，当然它从来都不受欢迎。

○ 【左图】尽管四座位置很紧凑且双缸后置发动机噪声很大，但菲亚特500仍旧为我们提供了一种简约的意大利风格设计。

福特公司买下了一辆最初期的Mini车，把它带回达格南（Dagenham）总部。在那里，产品规划和零部件采购专家们小心翼翼地将其拆成3016个零件，并进行了"法医鉴定"。在此过程中，他们发现了Mini唯一致命的"弱点"：它的标价比福特估算的BMC制造成本还低了约30英镑。

BMC把价格压低到不切实际的地步，目的是赢得更多犹豫不决的顾客。看看其竞争对手的要价，就能知道Mini的定价有多强的竞争力了：凯旋先驱(Triumph Herald)和大众"甲壳虫"1200 (Volkswagen 1200 Beetle)售价均为702英镑，就连空间紧凑且伴着嘈杂噪声的双缸菲亚特Nuova 500 (Fiat Nuova 500)都标价499英镑(尽管包含了进口关税)。

事实上，绝大多数买家以537英镑的价格购买了Se7en或Mini-Minor豪华版，并进行了大量的装饰件升级，还做了不少真正意义上的改进，例如，乘客一侧的遮阳板和后侧保证必要通风的以铰链控制的车窗。尽管如此，利润也非常微薄。20世纪60年代，由于不断追求销量，这种低利润正悄悄侵蚀英国汽车公司的发展前景，最终迫使该公司在行业整合之际与其竞争对手合并。

【右图】属于Mini的摩登时代开始了：这辆引人注目的有欧普艺术贴纸装饰的Mini，于1966年在泰晤士迪顿（Ditton）展厅以385英镑的价格出售。这位模特搭配的Shubette裙装售价为79先令11便士，而她的Saxone露跟鞋售价为59先令11便士。

【左下图】1963年，这辆超豪华版莫里斯Mini-Minor行驶在牛津街道上；有趣的是，在这幅图片中，牛津的Coopers公司在一辆公交车和一辆面包车上都做了广告，尽管这与Mini-Cooper车无关。

【右下图】于1959年同年推出的莫里斯Mini-Minor与它在英国的主要竞争对手之一——福特安格里亚105E（Ford Anglia 105E）一起在庄园进行展示。

○ 【上图】经销商网络通过不同商标售卖Mini；这是1964年前后奥斯汀代理商Wades of Worthing公司的杂乱陈列室，里面有三辆奥斯汀Mini。

也许是因为人们认为Mini是基本款经济型汽车，所以也没有什么值得让它背负坏名声的。在美国，1959这一年以生产出历史上最长、最宽的汽车而闻名，并诞生了汽车界所能见到的最浮夸的装饰。当时的福特安格里亚(Ford Anglia 105E)确实在外观上有些浮夸，但它同时也是一辆操控灵敏的汽车，这或许会让它比意大利风格的凯旋先驱(Triumph Herald)车型在展厅里更具吸引力。

然而，Mini的驾驶体验却与众不同。其前轮驱动、灵活的驾乘体验，以及令人难以置信的柏油路上的抓地力，可以让人在街道上体验纯粹的卡丁车驾趣：它可以猛然入弯而不会失去牵引力，也不会偏离轨道；它的操控极限和方向控制稳定性非常出色。前轮驱动的稳定性以及车身角落各有一个轮子的设计带来的赛车般的体验，更赋予Mini惊人的敏捷性。福特安格里亚给人以勃勃生机的印象，但Mini却给你带来刺激——不仅可以在乡村高速行驶，在城镇也能敏捷操控，尤其是在伦敦。

1960~1961年，越来越多见多识广的市民选择了Mini，此后，它的市价大涨。没有什么事能让你比更快地穿过英国首都古老而杂乱的街道而感到更惬意的了，它还可以停进狭小的停车位、车库或前花园，你不需要太费力就能欣赏到这辆车出色的城市通过性，并很容易爱上它顽皮的外观及魅力。当时伦敦最时髦的人都钟情于Mini。当然，它真的火了。首当其冲的是著名摄影师、玛格丽特公主(Princess Margaret)的丈夫斯诺登勋爵(Lord Snowdon)。他是一位狂热的Mini车主，和伊斯哥尼斯是好朋友。正是因为这层联系，伊斯哥尼斯在1960年开着一辆Mini去了温莎公园，这样，同为一名狂热驾驶者的女王就可以亲自试驾一下了。虽然没有什么比得到皇室认可更庸俗的了，然而，随着动荡的20世纪60年代的到来，Mini又迅速成为"别人的车"。

Cooper的魔力

1961年，备受欢迎的Mini问世，它的出现改变了人们对公路、赛道甚至拉力赛上的紧凑型高性能汽车的看法。无论从哪个角度看，Mini Cooper都是一个"巨人杀手"，它被写进词典并拥有了属于自己的崇拜者。

亚历克·伊斯哥尼斯总是极力否认在其设计Mini时，他的构思里就已经有了高性能这个想法。但毫无疑问，由于使用了前驱概念、低重心及巧妙的重量分布，当快速行驶时，这款车显然比竞争对手安全可靠得多。伊斯哥尼斯提到："我们的设计专注于获得良好的方向控制稳定性，但又会在充分考虑安全性的同时，力求给驾驶人带来更多驾驶乐趣。"

这位特立独行的设计师曾凭借其开发的轻量化特别版赛车在运动性能上获得了巨大成功。他在业余时间和朋友乔治·道森(George Dowson)一起打造了一款超轻单座跑车。这辆车于1938年在普雷斯科特山坡上完工，与Austin Sevens拥有同款发动机。第二次世界大战后，这两位好朋友继续改进他们的设计，用一个顶置凸轮轴式发动机作为替换，这辆做工精美的汽车再次给目睹过它强劲表现的人们留下深刻印象。最终，伊斯哥尼斯在莫里斯老板的劝说下被迫放弃了这款赛车，准确说那是在1946年布莱顿速度测试(Brighton Speed Trials)之前，他遇到了同为工程师兼车手的约翰·库珀(John Cooper)。当时后者开发的500毫升Cooper特别版赛车正角逐三级方程式比赛，并最终击败了伊斯哥尼斯的轻量化特别版赛车，他们俩自此成为亲密的朋友。

时间回到1959年，令所有目睹者感到美妙绝伦的是，Mini开始在一些小型赛事中出现，主要是围绕短距离和驾驶技能挑战相关的赛事。凭借848毫升发动机可输出34马力的微弱优势，其全节气门加速也称不上强项，但该车的敏捷性和精确的操控表现却是显而易见的，这让那些高级赛车车主们脸上原本高傲的笑容瞬间消失。

多亏了乔治·谢菲德(George "Doc" Shepherd，1960年英国房车锦标赛冠军)，这款Mini在1960年年底前举办的斯尼特顿赛道（Snetterton）比赛中赢得了它的首场胜利。这时人们刚开始了解到前轮驱动存在转向不足的特点，即当驾驶人

♂ 【上图】这是最早一批的量产车，官方简称奥斯汀·库珀(Austin Cooper)，有那么点强势的意味儿。

快速过弯时，汽车的前轮容易过线。在这种情形下，如果有技巧地踩制动踏板、松加速踏板，或配合猛打转向盘，就可以实现一定的甩尾效果——并且，在动力充足的情况下，这辆车在某种程度上可以优雅地超越后驱产品，引人注目地在转弯处上演漂移。这无疑是令人兴奋的动作，当然也娱乐了观众。

作为一种全新的竞赛体验，车手们很爱它。但它也有缺点：在高难度的过弯时车轮中心会受到前所未有的压力，这导致车轮脱落并弹至远处的案例时有出现，这也促使BMC设计了更可靠、牢固的车轮，从而使Mini更加安全。其他限制因素包括油封导致离合器打滑，以及初段排气管容易破裂等。

当BMC和车队解决了这些问题时，Mini的命运又发生了翻天覆地的变化。约翰·惠特莫尔爵士（Sir John Whitmore）于1961年赢得了英国房车锦标赛，包括1升级别在内。这是Mini的首个大满贯冠军。

约翰·汉德利(John Handley)是第一位以私人名义收藏早期Mini的人。他在新车发布当天就购得一辆，还参加了1959年初秋举办的伍斯特郡拉力赛（WorcestershireRally），他一如既往地表现很棒。BMC官方拉力赛团队的总部设立在阿宾登竞赛部门（Abingdon Competitions Department），虽然当

时公司专注于已非常成功的Austin- Healey 3000赛车，但
该部门觉得有必要让人们对这个"新生儿"产生更浓厚的
兴趣。因此，1959年9月，部门经理马库斯·钱伯斯(Mar-
cus Chambers)驾驶一辆早期生产的Mini赛车参加了在挪
威举行的"维京人"汽车拉力赛(Viking Rally)，他克服了艰
险路况，最终位列51名。在1959年11月寒冷的英国RAC拉
力赛上，形势每况愈下，三个车队的赛车无一完赛，而来到
12月的葡萄牙比赛上，南希·米切尔(Nancy Mitchell)和彼
得·赖利(Peter Riley)分别获得了第54和64位的成绩。

　　不过，这一切都是1960年1月最受瞩目的蒙特卡洛
(Monte Carlo)拉力赛的前奏。在这里，六辆Mini参赛车中
有四辆越过了终点线，排名最高的是彼得·莱利，位列23
(另有六辆私人车手的Mini也参加了比赛)。四个月后的日内
瓦拉力赛上，职业车手唐·莫里(Don Morley)和他的兄弟
兼搭档埃尔勒(Erle)奋起直追，斩获了Mini在该站的首次胜
利，总成绩体面地排在第34位。

　　当这一切发生时，约翰·库珀正得意洋洋。自从他决定

⚓ 【顶图】那个通过洗车赚零用钱的小男孩就是未来著名的F1赛车
设计师阿德里安·纽韦(Adrian Newey)，而这辆车就是他后来学会
驾驶的Morris Mini Cooper。

⚓ 【上图】约翰·库珀(右)向他年幼的儿子迈克尔（Michael）解释
F1赛车后置发动机的好处。

CASTROL ACHIEVEMENTS 1962

⚲ 【上图】1962年，在嘉实多(Castrol)年度业绩手册的封面上已经把迷你·库珀(Mini Cooper)推为拉力赛场上的明星。

把500毫升的摩托赛车发动机放在驾驶人后面的位置以后，他的赛车便取得了惊人的成功，从三级方程式赛车一跃成为一级方程式的佼佼者。

在1959年和1960年，约翰·库珀赢得了F1世界锦标赛冠军，他的赛车还帮助斯特林·莫斯（Stirling Mos）、格雷厄姆·希尔（Graham Hill）、杰克·布拉汉姆（Jack Brabham）和布鲁斯·麦克拉伦(Bruce McLaren)开启了崭新的职业生涯。库珀是一位伟大的创新倡导者，他建议在其单座Formula Junior赛车中使用接近量产标准的发动机，BMC的A系列就是他的最爱之一。迈凯伦（McLaren）和布拉汉姆（Brabham）都买了Mini，库珀也看到了Mini的巨大潜力。他向老朋友伊斯哥尼斯提出了这个想法，并很快得到了BMC总经理George Harriman的强力支持。库珀认为，批量生产的"热门"款不超过1000台，它有资格作为加强版的Mini被编在册，因此允许它作为量产车参赛。

库柏将一个标准的848毫升发动机缸体排量增加至997毫升，使缸径从62.9毫米缩减到62.4毫米，行程从68.3毫米增加到81.3毫米，压缩比由8.3∶1提高到

MORRIS MINI-COOPER 'S' TYPE

○ 【上图】Cooper S的第一本宣传手册封面上可爱的艺术作品，让潜在买家确信，这是一辆渴望在周末参加比赛的汽车。

○ 【右图】1966年，全新莫里斯Mini-Cooper S Mark II上市，随即可以肯定的是，它将成为当时世界上最受欢迎的小型轿车。

【上图】并不是每一辆征战过蒙特卡洛的Cooper都能斩获殊荣；这是1965年Claude Twigdon/Anthony Gorst Cooper S被迫退役前的精彩表现。

9：1，在缸盖上设置了较大的进气门和排气门，并安装了双SU化油器。更多燃料和空气的快速进入意味着更多的动力输出，就像Formula Junior发动机一样。曲轴箱经过加固，使发动机能承受更强的运转功率。

为了改进变速器的传动比——以更紧凑的变速器传动比，使每个档位都能实现更好的加速性——库柏把长长的波浪形变速杆换成了一个时髦的遥控装置。但关键的变化来自同邓洛普（Dunlop）合作生产的前轮盘式制动器，其7英寸的直径为当时世界最小，可匹配从34马力到55马力的大幅发动机动力提升。

这一系列的提升效果令人惊喜，从0到60英里/时的加速时间可以从30秒减少至18秒，最高速度从73英里/时提升到88英里/时。1959年，约翰·库珀派遣F1车手罗伊·萨尔瓦多(Roy Salvadori)前往意大利蒙扎赛道(Monza test circuit)进行高速赛道的连续测试。萨尔瓦多（Salvadori）比其同事雷格·帕内尔（Reg Parnell）早一个小时到达目的地……关键是，后者开的是阿斯顿·马丁DB4（Aston Martin DB4）。

接第57页

蒙特卡洛与Cooper S

随着Cooper升级到S，BMC现在拥有了一辆可以斩获全胜的产品，而不仅限于某个组别的胜利。1964年1月，帕迪·霍普柯克（Paddy Hopkirk）和他的搭档亨利·利顿（Henry Liddon）驾驶Cooper S，注册号为33 EJB，终于在蒙特卡罗拉力赛中以"杀手"的姿态首次获胜。从苏联的明斯克（Minsk）开始，这辆红白相间的汽车把强大的雪铁龙、梅赛德斯-奔驰，以及福特猎鹰（Ford Falcons）等对手都甩在了身后。Timo Mäkinen驾驶Cooper S荣获第四，Rauno Aaltonen斩获第七，BMC不出所料地获得了制造商团队大奖。

1965年提姆·马肯恩（Mäkinen）和他的搭档保罗·伊斯特（Paul Easter）在蒙特卡洛用一辆全新的76马力、排量为1275毫升的Cooper S夺取了另一场胜利，注册号为AJB 44B，尽管在数千英里的赛程中遭遇了史上最极端的天气，但两人凭借史诗般的发挥未丢一分。237辆参赛汽车中只有35辆完成了比赛，其中3辆是Mini Cooper S。

Mäkinen驾驶Cooper S在1966年上演了帽子戏法，但他的获奖座驾GRX 555D很快就被取消了参赛资格，同时被取消的还有第二名的阿尔托宁（Aaltonen）和第三的霍普科克（Hopkirk），只因这款车加载了一种近光前照灯系统，该系统包含违反规定的协调式前照灯和聚光灯。福特Lotus Cortin第四名的成绩也被取消。最终，雪铁龙在争议中获得冠军，英国新闻界设法把这场争论演变成一件国家大事，使全国人民对明显的不公正判罚和法国人傲慢的态度感到愤慨。但这"三剑客"毫不气馁，于1967年卷土重来，并以自己的风格主导了整场演出。Aaltonen和Liddon驾驶着LBL 6D赢得了观众的热烈掌声；Hopkirk重回排名榜第六，而Mäkinen则位列第41。1968年，其排名开始下滑，Aaltonen排名第三，Tony Fall排名第四，Hopkirk排名第五。但话又说回来，在参加了263场比赛获得109个不同的奖杯后，Mini Cooper的成就几乎不用更多证明了。随着新一代

强大的保时捷(Porsche)和阿尔皮恩-雷诺(Alpine-Renault)跑车崭露头角，Mini的小轮辐弱点就凸显出来，其轮胎和制动件比竞品车更容易发热和磨损。就个人而言，奥尔托宁（Aaltonen）是最成功的Mini Cooper拉力赛车手，他赢得了1965年的欧洲冠军，并斩获8场全胜和14场组别赛冠军。1961年至1967年担任BMC赛事经理的斯图尔特·特纳(Stuart Turner)后来回忆道，那是"在正确的时间出现的最正确的车"；Mini Cooper的亮相印证了它是史上最成功的拉力赛车之一。

⚲ 【顶图】1964年，蒙特卡洛拉力赛从明斯克出发，霍普科克（Hopkirk）与利顿（Liddon）一起击败了所有强大的竞争对手，取得了辉煌的胜利。

⚲ 【上图】我们被打劫了：官方声称前照灯设置有问题并否认了在1966年的蒙特卡洛拉力赛中，Timo Mäkinen凭借Cooper S赢得胜利。

⚲ 【右图】英联邦的英雄，霍普科克（Hopkirk）和利顿（Liddon）在蒙特卡洛接过第64届的冠军奖杯。

⚲ 【对面图】霍普科克（Hopkirk)和利顿（Liddon）在1964年的蒙特卡洛拉力赛上驰骋。

♂ 【顶图】在68届蒙特卡洛拉力赛中的Fall/Wood车队，他们重返第四名。

♂ 【上图】霍普科克/克里林的Cooper S在1968年蒙特卡洛拉力赛上斩获第五名，它拥有标志性的车顶行李架和备用轮胎。

〜♂ 【左图】TimoMäkinen和Paul Easter以史诗般的驾驶表演获得了1965年蒙特卡洛拉力赛的冠军，这届比赛遇到了有史以来最寒冷的恶劣天气。237辆参赛车中只有35辆最终完赛。

⚬【上图】这辆由西莫·兰皮宁（Simo Lamp-inen）和托尼·安布罗斯（Tony Ambrose）驾驶的奥斯汀Mini Cooper S不得不在1966年英国举办的RAC拉力赛上退役。

尽管有人担心BMC可能难以将其全部售出，哈里曼（Harriman）还是批准了限量生产1000辆汽车的计划，每辆车收取2英镑的专利费，以换取被允许将其命名为Mini Cooper。

Mini Cooper于1961年9月发布，售价为679英镑，与Austin及Morris系列几乎一模一样，人们一眼就能认出它的双色喷漆工艺及对比鲜明的车顶，其车轮在周边钻了一些洞，以增加制动时的散热效率。需求量几乎从一开始就是巨大的，所有关于限量发行的想法很快就被遗忘。巅峰时期，BMC每周需要生产750辆。而Cooper的明显优势——在重量损失最小的情况下实现了动力近50%的提升——尤其对赛车的竞赛寿命而言，这产生了真正意义上的革命性影响。

首先，它开始在公路赛上获胜，从1962年5月帕特·摩斯（Pat Moss）在荷兰郁金香公路汽车赛上的胜利开始，到拉诺·奥尔托宁和帕迪·霍普科克分别获得第三名（也是组别头名）和第六名的成绩为止。

Mini Cooper在赛道上度过了光彩夺目的第一年。它在安特里（Aintree），布兰德·哈奇（Brands Hatch），水晶宫（Crystal Palace），古德伍德（Goodwood），马洛里公园（Mallory Park），奥尔顿公园（Oulton Park）和银石赛道（Silverstone）上都取得了组别胜利，Mini Coope车手约翰·拉夫（John Love）赢得了英国房车锦标赛的冠军，远远甩开了捷豹（Jaguars）和福

【上图】1965年，Cooper S点燃了奥尔顿公园赛道的激情；像约翰·罗德斯（John Rhodes）这样的赛车手，凭借其宛如戏法般的速度与操控表现，成为新的赛车偶像。

特（Ford Galaxies）。与此同时，在更远的地方，这款车大获全胜，从德国大奖赛的轿车比赛到在华盛顿举行的12小时轿车耐力赛中均获得组别胜利，还在瑞典房车系列赛中斩获头名。

约翰·库珀（John Cooper）很清楚，Mini还有更多的性能潜力可以挖掘。但却是汽车记者罗纳德·巴克（Ronald Barker）最终说服了伊斯哥尼斯。在接受著名历史学家乔恩·普莱斯内尔（Jon Pressnell）采访时，巴克回忆起1961年给这位设计总监打过的电话。"我说，'我刚刚以超过100英里/时驾驶了一辆Mini。'他简直不敢相信。他问，'有可能把它带到这儿来吗？'所以我就开去了长桥工厂，然后他就像一个获得新玩具的孩子，不停地加速，笑得像个恶魔。"

这辆车采用专门定制的1088毫升发动机，并由唐顿工程学院（Downton Engineering）的丹尼尔·里士满（Daniel Richmond）调校，以其流畅和出色的低速转矩而著称，这使得它在日常使用中很温顺，但在激烈驾驶中响应迅速。它是如此的成功，由此里士满被雇来监督汽车的开发，这就是1963年3月推出的Cooper S。

而它的核心是一台排量再次提升至1071毫升的发动机，以符合1100毫升组别比赛的规则。在发动机气缸内尽可能扩大缸径，以保持和848毫升发动机一样短的行程。更强的活塞、气门和正时齿轮也被应用，且还有一个具有较大主轴承的表的

帕特·莫斯

在这款车发布后的几周内，帕特·莫斯——斯特灵的妹妹，也就是瑞典拉力赛传奇人物埃里克·卡尔森（Eric Carlsson）后来的妻子——就证实了这一基本款Mini有可能成为拉力赛冠军，尽管是在兰开夏郡的一个小型英国俱乐部活动中"浅尝即止"的赛事。结束时，帕特说她那辆获胜的Mini太慢，而她的搭档斯图尔特·特纳（Stuart Turner）认为它开起来一点儿也不舒适。

○【左图】传奇拉力赛车手帕特·莫斯正在修理她最著名的赛车Big Healeys；在1962年的郁金香拉力赛上，她为Mini Cooper赢得了第一场胜利。

莫斯成为众多女Mini赛车手中最成功的一位。事实上，1962年5月，她在荷兰郁金香拉力赛上为997毫升Mini Cooper赢得了有史以来的首个冠军，荣登新闻头条。

作为斯特灵·莫斯的妹妹，她更喜欢马而不是汽车，她一开始可能只被当作新故事为宣传造势，但事实很快证明，帕特是BMC"马厩"里的一位令人敬畏的成员。1958年，她驾驶一辆Morris Minor在英国皇家汽车协会主办的拉力赛中获得第四名，之后又驾驶Austin-Healey 3000s赛车，于1960年的Liège-Rome-Liège经典赛事中获胜，并在阿尔卑斯山杯（Coupe des Alpes）中夺得第二名。

后来，她驾驶过各种各样的车，从蓝旗亚（Lancias）到保时捷（Porsches），从福特（Fords）到萨博（Saabs），但很少有车比她在Mini Cooper上的突破更令人印象深刻。

氮化曲轴。这使得输出功率达到70马力，是普通Mini的两倍多。面处理强化曲轴。这使得发动机输出功率达到70马力，是普通Mini的两倍多。

一套经强化的离合器和变速器也是配置的一部分，还包括更厚且略大的7.5英寸盘式制动器与真空伺服制动助力系统，更宽的车轮与子午线轮胎也在其中。因为Mini Cooper S版在性能上有了巨大飞跃，所以制动性能也是该车的关键提升点之一。它的最高速度达到惊人的95英里/时，它完全可以在13秒内从静止加速到60英里/时。其售价为695英镑。

在不久后的1964年1月，Mini Cooper开始步入新的盈利标准。它推出了基于标配发动机的莱利小精灵（Riley Elf）/沃斯利大黄蜂（Wolseley Hornet），它们性能更强大且更擅长过弯操控。其功率输出同样为55马力，但输出转矩更强。

👆【上图】对比今天的赛车驾驶舱，然后看看这款第二代 Cooper S 1275相对简陋的驾驶环境。

同样在1964年，Cooper S发动机的选择扩大到三款，在1071毫升基础上加入了970毫升和1275毫升两个版本。这是约翰·库珀计划的一部分，目的是让Mini Coopers参加三个组别的轿车比赛：1000毫升、1100毫升和1300毫升。这些发动机共用一个相同的缸径，但有不同的行程，从短的970毫升到长的1275毫升。最后一款发动机是最灵活且坚固的；凭借76马力的功率，它最终将Mini的速度提升到100英里/时，转矩达到79磅力·英尺，这使得它在中档车型中表现尤为出色。加速到60英里/时仅用11.2秒。它一直存在，直至1971年初代Mini Cooper的时代彻底结束。然而重叠期非常短：1071款车型在1964年8月被淘汰，而水星970仅从1964年6月持续到次年4月——这段时间刚好有足够多的汽车被制造出来，以满足赛车的同质化要求。但每个人都想要受欢迎的1275 Cooper S。

Mini Cooper S通过拉力赛成为20世纪60年代汽车行业的巅峰代表之一。这就是Mini当时所专注的，同时支持私人车队参加比赛。库珀的车队配备了与F1赛车相类似的赛车服，英国赛马绿和白色条纹。约翰·洛夫（John Love）和约翰·菲茨帕特里克（John Fitzpatrick）分别获得了1962年和1964年库柏赞助的英国房车锦标赛冠军。1963年，荷兰人罗伯·斯洛特梅克（Rob Slotemaker）驾驶

DOUBLE DIAMOND

【上图】1965年在银石赛道举行的一场势均力敌的房车比赛中，三辆"作战"的Cooper为比赛提供了更强的娱乐效应——它们都没有装防滚架。

一辆做工良好的Downton夺得了1300毫升组别的欧洲冠军，第二年，华威银行（Warwick Banks）车队赢得了英国和欧洲的1升组别冠军。

1965年，约翰·罗兹（John Rhodes）为肯·蒂勒尔（Ken Tyrrell）的车队赢得了英国1300毫升组别比赛的冠军。他的比赛风格很具有侵略性，与拉尔夫·布罗德（Ralph Broad）和戈登·斯派斯（Gordon Spice）等Mini赛车手展开了一轮轮的较量，在他奋力向前时，轮胎冒出了滚滚浓烟。他高超的漂移技巧在当时是最棒的，在"普通"赛车比拼中，没有什么比这个更令人惊叹的。罗德对Mini Cooper精准的驾驶，使他在1965年至1968年间四次赢得英国房车锦标赛1300毫升组别的冠军，这是史无前例的壮举。

1969年是Cooper S的绝唱。这一次，它有了自己的车队，由汉德利（Handley）和罗兹（Rhodes）驾驶，不再支持其他车队，但它离获得总冠军还差得很远。然而，当Mini的赛车生涯似乎开始走下坡路时，理查德·朗曼（Richard Longman）仍然在1978年和1979年赢得了英国皇家飞行俱乐部（RAC）房车锦标赛的冠军（他驾驶的是1275GT，而不是Cooper），这给Mini注入了向前的动力。随着Mini的光辉岁月逐渐消逝，它助力的赛车手——约亨·林特（JochenRindt）、詹姆斯·亨特（James Hunt）和尼克·劳达（Niki Lauda）——正朝着一级方程式的明星之路进发。劳达最早驾驶一辆二手Cooper S，并在1968年4月参加的第一场比赛中获得了第三名。与此同时，1967年，亨特在医院做夜班搬运工，为他的第一辆Mini赛车挣得资金。而后来这辆车很快就被卖掉，用来购买福特方程式单座汽车。如今，F1的神童们都是从卡丁车起步的，但在那个年代，Mini通常是他们的启蒙车。

CHAPTER

5

多元化的
Mini世界

来自工厂的车型选择大大增加，厢式旅行车型、皮卡车型和运输车型让Mini渗入人们工作、生活的方方面面，而这款定位为入门级的汽车也在世界各地被生产出来。

○【上图】这款Mini厢式旅行车以极富艺术性的角度被抓拍，并被制作成宣传明信片，由经销商发给他们能想到的每一家当地小企业，包括糖果商。

─○【对面图】RAC是新款Mini厢式旅行车的众多大客户之一，他们计划用Mini厢式旅行车替代巡逻警察使用很久的三轮"侉子摩托车"。

早在Cooper撼动性能车界之前，Mini系列就已开始崭露头角。新的衍生品层出不穷，作为一家生产除摩托车和坦克外几乎所有类型车辆的公司，BMC试图从原始设计中榨取最后一点价值。

第一个目标群体是商业客户。1960年5月，奥斯汀和莫里斯Mini厢式旅行车推出。整车长度明显增加了9.5英寸，但钢制面板的侧面同样隐藏了一段4英寸长的轴距。通过一对侧开的后门可以进入容量为46立方英尺的行李舱。巧妙的设计将备用车轮和蓄电池隐藏在地板下，其下面的油箱隐藏在后轮后方。厢式旅行车一经推出便广受欢迎，邮局和汽车协会订购了几百辆新车，开始取代以前巡警使用的三轮摩托车。

四个月后，奥斯汀Se7en Countryman和莫里斯Mini-Minor Traveller推出了他们的处女作组合——均采用厢式货车的结构与后门设计，但有滑动侧窗和一个可以向前折叠的后座，这样便有一个多达35立方英尺（约合10立方米）的空间来装载货物。为了与莫里斯Minor Traveller家族产品风格统一，其车身后部采用了半木质外观，但与Minor Traveller不同的是，上了漆的木质装饰仅起到装饰作用，而非支撑后车身的面板。这款车的整体造型非常迷人，而Countryman/Traveller组合在法国尤其受欢迎，他们在那里被誉为时髦的巴黎城市之车。

长轴距系列的另一款车型是1961年春季推出的精灵Mini皮卡。因为有了下翻式尾门，所以它可以像货车一样运载四分之一吨的货物。

早在1961年秋，BMC就开始考虑推出一款具有奢华感的Mini，当时有两种不同的方案。第一个方案是Super，这款车和Cooper差不多，没有双化油器发动机和盘式制动器，但配备了运动型轿车的双色喷漆、三刻度仪表板（包括油表和冷却液温度表）、带有管状角杆的挡板，以及双色内饰。大约只用了一年时间，它与De Luxe联合推出了Super De Luxe。

第二个方案是1961年末出现的舞台新秀，即基于Mini而生的赖利·精灵（Riley Elf）和沃尔斯利·黄蜂（Wolseley Hornet）组合，它们确实代表了具有突破性的高端细分市场。它们一直被归为BMC品牌下的豪华轿车，包括直立的传统前格栅和考究的半真皮座椅及内饰。因为有一个四方形的行李舱，其容量大大增加，所以它比标配版Mini更实用。为了与BMC的大型汽车风格相呼应，汽车行李舱盖采用了小尾翼，且Riley还有一个全宽的木质饰面仪表板。这两款车都提供了抓人眼球的套件，但令人疑惑的是，多年来它们一直被铁杆Mini粉丝嘲笑为"精心打扮后的标配Mini车"。

◊【顶图】这辆Mini厢式旅行车很快就出现在各行各业的场景中，比如这个看上去有些破旧的农场。

◊【上图】一辆崭新的Morris Mini皮卡准备好迎接未来的艰辛之路，即推动英国商业的车轮不停向前。

"QUALITY FIRST"

Wizardry at work again !

PUBLICATION No. H.6168

NOW... MORRIS MINI-TRAVELLER

◔【上图】这本1962年出版的小册子将Traveller定位于面向小型家庭用车市场，并像往常一样大胆地以图形化的方式夸大了人的身高，反衬汽车的玲珑身形。

也许这种"嘲讽"的原因之一，是表面上豪华的两款车不得不将就使用同标准Mini一样的34马力、848毫升的发动机；由于它们比标准汽车重了将近10%，这导致性能严重下降，从0加速至60英里/时已需要32.3秒。1963年，随着Mark II车型的发动机升级，新的998毫升动力单元增加了4马力，弥补了之前动力不足的缺点。

毋庸置疑，真正独一无二的Mini，得益于彼得·塞勒斯（Peter Sellers）在设计时的不计成本。但伦敦车身制造公司哈罗德·雷德福（Harold Radford）在1963年4月推出了一款全规格豪华轿车Mini De Ville，售价1080英镑，Bel Air稍微便宜点，De Luxe则很昂贵。尽管每辆车都根据客户的需求定制，但还是有纯手工完成的定制改装，包括内部奢华的康诺利（Connolly）皮革，宾利级别闪闪发光的双色喷漆，全尺寸遮阳顶，最新的高保真音响系统，以及只有在最昂贵的豪华GT跑车上才能找到的电子装置，如电动车窗和电动天线等。

彼得·塞勒斯和他的一众Mini

在那个几乎没有电视的时代，在《青蝇》（Blue bottle）中饰演愚蠢角色的彼得·塞勒斯（Peter Sellers）和《Goon Show》中的丹尼斯·布拉德诺克（Dennis Bloodnok）少校，为经历了残酷战争的英国带来了充满活力的广播之夜。后来，《塞尔勒斯探长-克鲁索》（Sellers's Inspector Clouseau）浮夸的闹剧形式延续了《粉红豹》（Pink Panther）系列电影在20世纪六七十年代的巨大成功。塞勒斯还创作了一系列至今都令人印象深刻的喜剧电影：《我很好，杰克》《性别之战》以及《奇爱博士》。

他超强的模仿力使他从一个无名之辈一跃成为20世纪60年代娱乐圈的一线明星。大笔的金钱滚滚而来，塞勒斯还把钱挥霍在汽车上，在此之前或之后，很少有名人会像他那样对昂贵金属如此充满欲望。

1959年4月，当他购买的全新宾利S1 Continental到手后，也极大地激发了他对奢华生活的欲望。然而，当他在购买ex-Cary Grant Rolls-Royce Silver Cloud I和一辆Cloud III硬顶双门跑车后，他还没有意识到这一点。到1963年，他已将兴趣扩展到拥有异域风情的汽车品牌，他购买了一辆阿斯顿·马丁DB4 GT Vantage和一辆法拉利250 GTE。这两辆车在他当年的《法律的错误武器》（The Wrong Arm of The Law）犯罪电影中都成了重要角色。

也许这毫不奇怪，他开始觉得他的莫里斯Mini Cooper有点太朴素了，这给了他一个新启发，把车交给久负盛名的伦敦汽车制造商Hooper进行专业且全面的定制服务。数十年的商业生涯见证了该公司为温莎家族和世界各地许多皇室打造了无数辆劳斯莱斯豪华轿车，"只要你们能想到，我们就全力支持。"

的确是这样。车内部，改用全真皮装饰，配以全红木的宽式仪表板。前座增加可倾斜的罗伊特（Reutter）软垫，并铺上了厚威尔顿（Wilton）地毯，羊毛织物头衬，带双扬声器的晶体管收音机，木料镶边的三辐式转向盘，电动车窗和一个更给力的加热装置。车内还有一整个天窗，和两个被安装在格栅前的卢卡斯（Lucas）聚光灯，但最特别的地方是格栅两侧光泽四溢的紫色画作，侧面涂有柳条制效果的手绘木板，出自霍珀的纹章艺术家杰夫·弗朗西斯（Geoff Francis）之手。令人瞠目结舌的是，这辆车的装饰成本就高达2600英镑，是Cooper车辆成本的四倍。1963年5月，塞勒斯收藏了这辆当时的终极版Mini车。

这辆高定制车成了他的心头之物，在其1964年的克鲁索（Clouseau）电影《黑暗中的一个镜头》（A Shot in the Dark）中成为吸睛角色。当时塞勒斯把这辆车交给了导演布莱克·爱德华兹（Blake Edwards），然后从雷德福（Radford）订购了一辆敞篷Mini德维尔GT（Mini De Ville GT），送给新婚妻子布里特·埃克兰（Britt Ekland）；1965年10月，在雷德福的汉默史密斯（Hammersmith）展厅里，这位女

♂【上图】这是彼得·塞勒斯的雷德福Mini De Ville座驾，它在1964年的电影《黑暗中的一个镜头》（a Shot in the Dark）中成为"主角"。

演员从一个巨大的假婚礼蛋糕里把它开出来。

　　几天后，这对新婚夫妇参观了伯爵宫廷车展（Earl's Court Motor Show），塞勒斯在那儿又购买了一辆首次在英国亮相的棕色法拉利500超级跑车。"我将永远留着它，"后来他狂喜地说道，"我不想任何人来试驾这款车。" 不过这种迷恋并没有阻止他订购另外一台车——林肯Continental。随后，他又在1966年3月下单了一辆劳斯莱斯银影（Rolls Sil-ver Shadow）双门跑车。他的同事戈恩·斯派克·米利根（Goon Spike Milligan）戏称塞勒斯痴迷换车

如同换内衣一样频繁。1967年，美国汽车协会（AA）的驾驶报告称，他已有85辆汽车。在某种意义上这也透露出他对买车近似强迫症式的疯狂："塞勒斯就像被设定了自动购买程序。他一天买进捷豹，一天购得沃尔沃，一天又下单一辆罗孚。"

　　1980年，塞勒斯死于心脏病发作，享年54岁——他的一生有过四次婚姻，历经抑郁，毒瘾和事业低谷。在他去世前不久，他写道，"对于成千上万不得不穿梭于伦敦的人们来说，Mini汽车就是他们的救星。"

另外一家伦敦公司Wood & Pickett很快加入了竞争，两家公司竞相为客户提供更具前瞻性的选择。改装后的前座变得更加豪华，而车体则可以被改装成直背后门和折叠座椅。时尚的设计掩盖了车体外部的接缝和雨水槽，这让整体外观更光滑平顺，前端参照梅赛德斯-奔驰前照灯来改造。为了给个别昂贵的手工定制部件提供能源，还需要更强大的蓄电池。

这些车中最著名的是哈罗德·雷德福（Harold Radford）在1967年7月，为流行乐队"Monkees"的成员之一迈克·内斯米斯（Mike Nesmith）定制的一辆1275 Cooper S。内饰采用带有香槟粉色装点的貂皮，车内配有定制的座椅和设备，如内置的录音机，良好的通风系统可以更好地应对美国加州的高温。据称，这辆售价3640英镑的Mini是有史以来最贵的。

为电影明星劳伦斯·哈维（Laurence Harvey）定制的Wood & Pickett Cooper S于1970年完成，造价近3500英镑。除了加宽的车轮拱、有色车窗玻璃、羔羊毛地毯、伟巴斯特（Webasto）全景天窗、索尼卡式录音机和VHF收音机之外，作为涂装的一部分，哈维名字的首字母还被刻在闪闪发亮的金箔片上。从特制排气系统的刺耳低音中，可以明显辨别出其搭载的唐顿（Downton-tuned）发动机。

这些高不可攀的专属定制车型启发了几十家小型专业公司，他们开始为不那么富裕的Mini车主提供一系列定制配件。许多公司提供的零部件改善了Mini的日常驾驶体验，比如一个用于换档的遥控装置，或者一个更大容量的油箱，以提高汽车的行驶

◔【左顶图】Wolseley Hornet拥有一个相当大的额外行李舱空间及著名的装饰性散热器格栅，但Mini死忠粉总是对这类车嗤之以鼻。

◔【右顶图】左舵版Mini Traveller——这种木质装饰的旅行车深受巴黎时尚人士的喜爱。

◔【上图】如果这个小男孩能如愿以偿，那拥有这辆奥斯汀Se7en Countryman的父亲看起来很快就会失去他发动机舱罩上的徽标。

接74页

⚲ 【上图】莫里斯Mini Countryman是一辆拥有迷人外观的经济实用型汽车。

⚲ 【左图】莱利精灵（Riley Elf）内部的胡桃木仪表板在两侧都留有杂物箱，不过可选的收音机看起来"改装感"强烈。

The Mini Moke

在不断探索Mini下一代新品的过程中，1959年，BMC开始着手研究轻型军用版汽车。这个想法源自英国国防部的需求，即一辆比路虎更便宜、更轻的部队运输车。

这听起来可能有点异想天开，但最基本的概念就是一辆极简主义的汽车。它可以在一架军用运输机里堆三排，然后每辆车和四名士兵一起空降到战场上。虽然这款车不会采用四轮驱动，但由于这款车的重量很轻，在遇到任何泥泞路况时，身体强壮的士兵可以轻易把它扛出来。

Moke的名字早在1959年就被采纳，同年，英国陆军参谋长就尝试组建一支车队。但大家的反应却不温不火。尽管它的越障能力令人印象深刻，但其较低的底盘和10英寸的小轮子被人诟病。平板式车壳是由附带宽大箱体侧梁的Mini底板构成的，它还有一个简单的钢制前舱用来安置发动机和风窗玻璃。后舱的顶部是平的，用来支撑放在上面的车轮。

皇家海军购置了一批，但陆军很快放弃了对它的评估。尽管如此，BMC还是不想浪费这辆车。于是，1964年1月，这款车以奥斯汀或莫里斯Mini Moke的身份公开上市并销售，它有一个侧开式帆布斜顶/遮阳篷，两侧装有储物柜，绿色车漆是唯一可选的。它的售价仅为405英镑，只比菲亚特500或Goggomobil便宜5英镑，但必须为所有乘客座椅以及夹层前窗玻璃和第二个刮水器支付额外费用。英国政府坚称，这辆速度为65英里/时的Moke是一辆民用乘用车，因为它是按照四座布局设计的，所以即使它只标配一个驾驶座出售，也仍要被征收购车税。

不难料想，大约90%的Mokes都出口到炎热国家，作为当地的沙滩车或酒店摆渡车——这是英国对美国沙滩车出其不意的反击。剩下的大多数购买者都是住在20世纪60年代的伦敦，穿着阿富汗服装的嬉皮士们。在诺

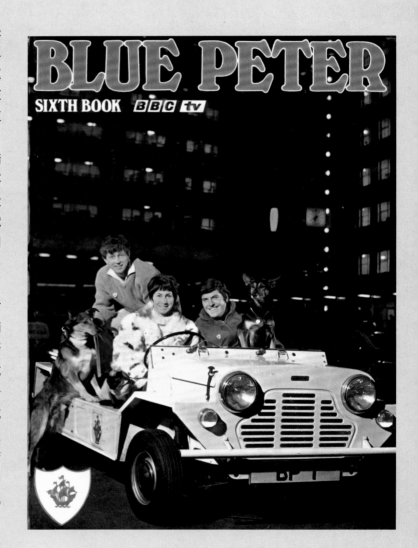

【上图】1969年，英国广播公司儿童电视节目《蓝色彼得》（Blue Peter）的主持团队，在位于伦敦谢菲尔德公园电视中心外的一辆Moke上。

-○【左图】伊斯哥尼斯、库珀和BMC都曾玩过双发动机Mini；这辆四轮驱动的TwiniMoke正在冲出大雪，运输草垛。

♀【下图】Moke有着令人惊叹的使用寿命，制造商于1968年把生产线转移到了澳大利亚，然后在1983年又转移到了葡萄牙，后期的车辆就在葡萄牙被生产，作为度假胜地这里也被视为一个成熟市场。

丁山的交通灯前等待时，他们瑟缩在转向盘前。曾有位车主坦言："在倾盆大雨中开Moke穿过肯辛顿的后街，这对任何人来说都不是愉快的体验。"Moke在ATV系列电影《囚徒》（The Prisoner）中和邦德电影《金枪人》（The Man with the Golden Gun）中都有精彩的表现。1968年10月，BMC在第14518辆Monk下线后终止了生产，整套Moke生产线被运到了澳大利亚的悉尼。在那里继续制造，后来又转至葡萄牙，直至1994年。

伊斯哥尼斯自己打造了一辆测试版四轮驱动"TwiniMoke"，在Moke发布的时候由设计总监向记者一并展示。它在前面配有一台948毫升的发动机，后面是一个848毫升的发动机，因此有两个变速杆，所有人都赞叹其超强的性能，而曾经很愉快地驾驶其在雪地上撒过欢儿。陆军参谋长再一次拒绝了这个复杂的项目，但是Twini确实也促使伊斯哥尼斯的朋友库珀也打造了一辆双发动机的Mini轿车。虽然只是纯粹的实验品，但库珀设计出了的这辆双发动机汽车，约翰·惠特莫尔爵士（Sir John Whitmore）曾用其来参加塔尔加·弗洛里奥（Targa Florio）公路赛——事实证明，这款车速度极快，其175马力来自两台唐顿调校的发动机，在意大利酷热的天气里，发动机很难保持不过热。但意外的是，库珀在萨里郡金斯顿支路的车祸中受了重伤，这个项目也立刻终止了。

里程。当然，还有更多选择可以提升Cooper或其他款车型的性能。

像《Cars》和《汽车改装》（Car Conversions）这样的杂志封底，排满了推广售后服务的小广告。过去也曾有关于性能改装的广告，特别是针对Austin Sevens和福特，例如安格利亚和Popular，但与20世纪60年代的Mini热潮完全不同。这种热潮源于其在赛道上的精彩表现和畅销书中广为流传的调校经验，像大卫·维扎德（David Vizard）的《如何改装你的Mini》以及《调校A系列发动机》。

只需更换排气装置或化油器，就可实现动力的明显提升。然后通过改进气缸盖、减轻气门齿轮并改变凸轮轴、活塞和正时装置等措施，可以进一步增强动力。制动、轮毂（特别是理想的Minilite与Cosmic合金）、轮胎这三样是必须进行改装的，这样你的改装版Mini就可以"无所不能了"。

20世纪60年代，Broadspeed、Janspeed、Speedwell和Taurus等众多改装公司蓬勃发展。他们提供必要的工具或直接为你调校，在这其中，Cooper S发动机的缔造者唐顿成为最棒的发动机调校者。他们在强大且精妙地进行性能提升的同时，还能保障驾驶安全性，即使是对最挑剔的Mini Cooper车主史蒂夫·麦奎因而言（搭载唐顿发动机的改装样车实际上是可以超越100英里/时的公路车），也是如此。

作为传奇跑车MG和奥斯汀－希利（Austin- Healey）的故乡，BMC自然也考虑推出一款基于Mini的纯粹跑车。这个想法被提出过好几次，如20世纪60年代原型ADO 34跑车和ADO 35跑车，以及20世纪70年代的ADO 70，被作为MG Midget 和Triumph Spitfire中置发动机跑车的潜在替代品。

◔【左顶图】这款两厢改装车由伦敦哈罗德·雷德福（Harold Radford）完成，这显然是一辆载货能力超强的Cooper S。

◔【右顶图】这款两厢Mini Cooper S是由BMC专门为英国交通大臣欧内斯特·马普斯（Ernest Marples）量身打造的，用来携带高尔夫球杆和从法国带回来的葡萄酒，可惜没能投产。

◔【上图】披头士乐队在20世纪60年代的每个时期都拥有过定制版Mini，这颗"小宝石"就是林戈·斯塔尔（RingoStarr）的专属座驾，由雷德福公司（Radford）改装，采用掀背式设计，这样它的主人就可以轻松地将架子鼓塞进车里。

○⬦【上图】当Mini达到100万辆的销量里程碑时，照片中央的亚历克·伊斯哥尼斯和乔治·哈里曼来到长桥工厂一同庆祝。

○─○【左图】1966年，赖利精灵（Riley Elf）的Mark III问世，它有一台更为强大的发动机，并成为第一辆拥有可拆卸车窗及隐藏式铰链车门的Mini。

mini-marcos gt

◊【上图】Mini- Marcos或许看上去有点奇怪，像是在奋力御风而行，但其性能十分卓越，并且销售了几十年。

◦—【右图】你可以在Mini上加装数百个可以让其变得更快的改装物件，例如这个由斯特龙伯格升级而来的化油器。

然而这些雏形都没有正式上市销售，但这并不重要，因为选择还有很多。首先开卖的是1962年Ogle Design公司生产的SX1000，这款车将一辆现有的Cooper改装成小型GT跑车，在原有的底盘和天窗基础上打造了非常轻巧的玻璃纤维车身。尽管1070英镑的造价比Austin- Healey 3000还贵，但仍生产和销量了66辆。

1966年推出了一款溜背车顶的Broadspeed GT，但同年上市的Unipower GT则被认为更优秀。在这辆车上，Mini原来的前副车架转移到汽车的后方，最终形成一款形似微型福特GT40的两座中置发动机GT跑车。散热器仍然在车前面，但是变速杆在驾驶人的右边，且车门为反向式，因此人们需要一些时间去适应这种改变。1967年推出的Cox GTM是另一款采用中置发动机的两座跑车，它在很长一段时间内都在销售。

如果你准备把自己的Mini改装成跑车，那么在过去的岁月里有许多例子可供参考。这其中最著名的要数1964年出品的DART——在那个时候，作为捐赠车辆而报废的Mini在废品堆积场中极为常见，它被发现并重新命名为Mini- Jem。1966年，马科斯汽车公司（Marcos Cars）推出了Mini- Marcos，这款车比GTM更经久耐用，直到今天还在销售。迈达斯（Midas）是20世纪80年代 Mini- Marcos的一个智能升级版，其设计者哈罗德·德莫特（Harold Dermott）非常专业，以至于他在1992年被雇来帮助为速度221英里/时的迈凯伦F1 （McLaren F1）实现量产化；Mini的触角如此之长，以至于它已经扩展到了整个英国多样化的汽车文化中。

─○【左图】《汽车与改装》杂志的成功很大程度上是基于对Mini的狂热；它刊登了关于Mini赛车的报道，同时还刊登了数百个Mini改装零部件的广告。

♀【下图】最早使用Mini作为改装基础的小型GT跑车之一是这款漂亮的Ogle SX1000，它于1962年推出，车身采用玻璃纤维材质。

♀【底图】外观帅气但生命周期短暂的Unipower GT，在驾驶人的背后位置放置了一台微型发动机和副车架，这也导致变速器的位置看起来有点奇特。

MARKS主导
的演化

每隔几年Mini就会有所革新，当20世纪70年代到来时，备受争议的Clubman家族也加入进来，并出其不意地帮助其销售额不断攀升，也因为名人、电影制作人和反传统人士让这辆小车变得非常酷。

在诞生的最初五年里，Mini作为一款小型汽车，它的出现甚至让整个汽车行业停下脚步而重新思考未来的方向。虽然一开始前景并不明朗，但初期问题很快得到解决后，Mini的销售势头就一路高歌猛进。得益于产品线的不断丰富与Cooper品牌形象的持续提升——例如在赛道上恣意驰骋并赢得拉力赛冠军，在伦敦最时尚的街道上行驶并穿梭于时髦的音乐场所和引人入胜的精品店——1965年，Mini实现了百万汽车销量的里程碑。亚历克·伊斯哥尼斯面带微笑地开着它驶离长桥工厂。对于很多用户来说，Mini是最明智也是最时尚的选择，而对于整个BMC来说，这也是一个令人钦佩的成就。

1962年底，Mini有了一个"老大哥"：奥斯汀或者莫里斯1100。这辆四门家庭轿车是伊斯哥尼斯的下一步计划，使用类似的前驱平台，搭载下一代液压悬架系统为驾驶提供更多可能，且保证了安全性和灵活操控。近乎在同一时间，BMC重新定位了Austin Se7en，向市场公布了全新命名Austin Mini；与此同时，在预算中削减了10%的汽车税后，最便宜的Mini仅售495英镑，这使得它比1959年上市发布时还便宜。

伊斯哥尼斯很少隐藏其自负心理，这一点在1964年得到了印证，即在Mini 1100横置发动机、前轮驱动原型车公布后，第一辆竞品车出现了。它是由菲

ᗬ【上图】Mini的兄弟，莫里斯1100（奥斯汀也有类似车型）将伊斯哥尼斯的改装理念引入家庭轿车领域，并搭载了液压悬架系统。

【上图】这辆不起眼的汽车是菲亚特在1964年推出的Autobianchi Primula；作为世界上最早生产的掀背式乘用车之一，它是第一个应用类似伊斯哥尼斯式前驱/横置发动机的竞品车型。

亚特子公司生产的Autobianchi Primula，不过这款小型家庭轿车还是稍有不同，即其变速器安装在发动机的尾部，而不是安装在发动机下方。Primula如今已基本被人遗忘，但它为菲亚特极其成功的128和127款车型打好了基础，而也正是这两款车型支撑着菲亚特一直辉煌到20世纪80年代。在此期间，越来越多的汽车选择复制Mini的先进理念进行高效改进，并在很大程度上改善了稳定性。

不过，在悬架方面，Mini并没有效仿BMC。1964年，Mini没有像其他汽车一样使用螺旋弹簧，而是进行了另一次彻底革新，即从使用独特的橡胶锥转向了使用类似1100的液压平衡锥。

这是一个相互连接的系统，包括弹簧置换器单元，它使用橡胶阀门推动前轮和后轮之间的液压油。其灵感源于雪铁龙的自动校平系统，这是伊斯哥尼斯热衷于利用最新技术提高舒适性的表现之一。每个车轮携带一个1升油罐大小的圆筒，其中包含一个弹簧和阻尼器，并使用防冻水乳剂作为减振器液。前、后轮减振器上的

【左图】1968年，Mini 1000 Mark II 在其原产地——繁忙的伦敦街道上；保险杠护栏是豪华轿车的标准配置。

【下图】莫里斯Mini豪华车型，Mark II，有848毫升或998毫升 A系列发动机可供选择。

♂【上图】这是第二代系列产品图谱，1968年，英国汽车公司更名为英国利兰（British Leyland）……Mini成为问题最少的基石产品之一。

液压室由汽车两侧的压力软管连接。

这意味着，每当前轮遇到路面颠簸时，一些前轮液压油就会被强行推入后轮，同时，车身后部会被轻微抬高。当然，反之亦然。

虽然公司内部的工程师和消费者都得出结论，认为Mini的操控灵敏度受到了轻微的影响，且整体上的改观几乎可忽略不计，但它整体的驾驶体验确实更佳，振动也更小。以前的橡胶锥系统在转向响应和吸收路面颠簸之间已提供了较好的平衡，因此很难做出更有突破性的改进了。

无论如何，对一些驾驶人来说，真正有价值的Mini改进是1965年推出的自动变速器——一款巧妙、紧凑的汽车传动配置，在小型车中，它以四档变速超越了传统的三档变速，击败了为数不多的竞争对手。那时，一些仪表板控制装置也被重新排布，由此驾驶人哪怕系着安全带也可以实现自如操作。

1967年，Mini在蒙特卡洛拉力赛中斩获第三名，就在其国际声望逐渐达到顶峰之时，BMC抓住这个机会对整个产品系列进行了改进，并正式宣布将其命名为Mark II系列，也就是第二代车型。主要的机械变化是spritelier 998毫升这一发动

机可以提供给标准版车型、旅行车、皮卡以及Elf/Hornet，转矩从32磅力·英尺增加到38磅力·英尺，最大功率增加了4马力而达到38马力。转弯半径从32英尺减少到28英尺，所有车型都因此受益，并让每一辆Mini都变得更加玲珑敏捷。第二代也在风格上焕然一新：后窗和后灯簇加大，散热器格栅变为方形，而在车内部，重新设计的座椅大大提高了乘坐舒适度。

随着汽车工业的发展趋于成熟，其整体订单越来越多，仅1968年至1969年间，汽车年产量首次突破25万辆大关。在英国，经济受到高通胀和高失业率的困扰，导致工资和物价不稳定，在信贷限制和利率上调之际，Mini的低运行成本和低油耗使其得到广泛青睐。Mini因此成为英国利兰汽车公司的基石，该公司也是由政府撮合的BMC/Jaguar合并而成。在此两年前，英国汽车控股公司（British Motor Holdings）与利兰汽车公司（Leyland Motors）合并，后者是一家大型货车制造商，同时还拥有凯旋和罗孚。

然而，从1968年5月开始的企业变革，让人们对Mini和其他受伊斯哥尼斯启发的汽车有了新看法。这家新公司规模庞大，是全球第三大汽车制造商，拥有19.8万名雇员和48家工厂，让丰田和大众相形见绌。在他的任期内，利兰已经成为一个非常成功的企业，出售货车和高档汽车。相比之下，BMC的高产量/低利润策略却带来了回报率不尽如人意；以1968年为例，该公司销售额为4.67亿英镑，却亏损300万英镑。斯托克斯（Stokes）执掌大权，并决心改变现状，在他眼里，Mini必须要做一些革新。变革的方案在1969年10月被披露，这对Mini纯粹主义者来说，着实令人震惊。

Mark Ⅲ系列最引人注目的技术变化是其悬架系统。液压塑料的制造成本很

◊【左上图】在1968年推出的第二代 Mini内部，座椅被重新设计，这张照片上的装饰是经过升级而来的。

◊【右上图】1968年，在大本钟的阴影中，一辆Cooper S在议会广场上飞驰；和所有Mark Ⅱ一样，它拥有一个新的方形格栅和更大的后窗。

【上图】没人喜欢罚单，尽管这对拥有 Mark II的夫妇对此一笑置之，但20世纪60年代，黄色的停车线激增，使得停车位变得更加昂贵，从而增强了Mini在城市中的吸引力。

高，而且由于维护成本问题，在车主中很不受欢迎。后来，该公司突然取消了850和1000型标准轿车的生产，恢复使用原有的橡胶锥悬架系统。

利兰的新管理层认为，在20世纪70年代，主流汽车因滑动车窗而降价是不可接受的。因此，Mini的车门被重新设计，同时也隐藏了原本实用的外部铰链。为了适应这些变化，伊斯哥尼斯不得不牺牲原本倍显珍贵的车门储物箱。

Moke车型已从英国的首发阵容中被淘汰，并被派往澳大利亚继续生产。现在Wolseley Hornet和Riley Elf（实际上是Riley整个品牌）被砍掉，998毫升 Clubman作为Mini新版豪华车推出。从福特招募来的设计师给这款车定制了全新福特科迪纳（Ford Cortina）式的方鼻梁处理，使车身前部增加了4.3英寸，看上去有点平淡无奇。其他尺寸都没变，但在Clubman内部，驾驶席前方是更吸引人且高品质的内饰与仪表板。Clubman estate代替了Traveller和Countryman，用实木装饰代替了汽车两侧的Di-Noc假木板。

真正的意大利制造…

无疑，Mini在英国是一款非常成功的车型，但其受欢迎程度并不局限于国内市场。虽然在个别市场，特别是美国（热爱大车），它并没有流行起来，但在其他几乎所有的销售市场都被证明是成功的。特别是，早期的设计制造缺陷得到解决之后，其整体表现是相当优异的。截止到1969年第200万辆汽车下线时，据透露有43%的Mini车都已出口，其中几乎一半是完全拆卸（CKD）组件，可以在当地组装。没有任何一款纯英国汽车能在全球范围内取得如此传奇的成就。

从20世纪60年代到70年代初，长桥工厂的出口部门一直是异常繁忙的部门，Mini以不同的组装方式被运输到世界各地。它在澳大利亚、新西兰和南非都有装配工厂，得益于当地的税收政策，这些工厂按本地需求完成配额。1975年，在南非制造的Mini中，66%的生产价值归功于本地。这意味着每个工厂生产的部件数量差异巨大；一些公司自己制造车身和发动机，而另一些公司则只是在现场将进口部件连接或焊接在一起。但在这些偏远地区销售的Mini车型中，大多数都与它们在国内的"表亲们"有些细微差别。例如，澳大利亚在1965年对这些汽车进行了改装，安装了卷帘车窗，以更好地满足当地买家的需求。

到20世纪70年代初，英国利兰汽车公司还在西班牙和比利时生产Mini，当时欧洲还没有形成一个统一的市场，这在一定程度上抵消了随着Mini的新鲜度降低以及日本小型汽车竞争的加剧，导致旧英联邦领土上销量下降的趋势。

意大利是一个拥有自己Mini生态系统的国家。在那里，世界闻名的摩托车制造商因诺森蒂（Innocenti）在1960年与BMC达成生产授权协议，为意大利市场生产奥斯汀A40。很快，它又推出了自己重新设计的

⚲【上图】这是一款最新的因诺森蒂（Mini Cooper 1300），拥有Rostyle车轮、双色喷漆、独特的格栅，甚至风窗玻璃刮水器上的防风板看起来都具有奢华感。

➤【对面，顶图】1968年，在意大利米兰因诺森蒂公司熙熙攘攘的Lambrate装配厂里，Mini已经主导了生产线。

➤【对面，下图】当英国利兰公司（Leyland）拒绝迭代Mini时，因诺森蒂公司自行推出了三门版Mini 90，并注明博通（Bertone）负责设计。

Austin- healey Sprite，在接下来又推出了奥斯汀1100，并以Innocenti IM3的名字销售。1965年，因诺森蒂（Innocenti）Mini-Minor也加入米兰工厂的生产阵容。一年后，Mini Cooper和Mini T（Traveller）问世，意大利产Mini的销量很快就超过了所有因诺森蒂的其他四轮产品，并占据了5%的市场份额，而此前该市场完全被菲亚特占据。值得一提的是，Mini-Minor 850的价格还比菲亚特等同类轿车更贵一些。

因诺森蒂Mini最初由英国提供零配件，但始终有大量来自意大利的零件，包括车身面板、轮胎、散热器、加热器、轮毂和玻璃。这款车的发展速度与英国同类车略有不同，但总体而言，它们的做工要好得多，并有一些可爱的功能，比如Cooper独特的五刻度仪表板。从1970年起，在库柏提供1275毫升Cooper S选项（与因诺森蒂Mini-Cooper 1300相匹配）之前不久，整个装配线都提供可旋转的前角窗——这个改变让意大利驾驶人在炎炎夏日驾驶时高兴不已——不锈钢框架使汽车看起来更加精致灵巧。它们被出口到包括德国和法国在内的几个欧洲国家，Cooper这个广受欢迎的品牌之所以能够存活下来，是因为其授权协议与受到限制的英国品牌不同。事实上，英国利兰曾短暂拥有因诺森蒂的汽车制造业务，但在1975年该公司推出90和120小型掀背式乘用车系列后，Mini的生产就结束了。近15年后，因诺森蒂的管理层迫切希望向注重时尚的意大利客户销售更现代的汽车。而在英国市场毫无进展的情况下，他们自己创造了这款新车，使用了可靠性高的Mini副车架和动力总成。

十年中，因诺森蒂生产了44万辆Mini。这款车在欧洲的受欢迎程度，很大程度上要归功于其生产模式，然而伯明翰的总部却不把它放在眼里……

【上图】它现在看上去相当时髦，但在1969年，1275GT和Clubman的科迪纳式鼻部设计让Mini纯粹主义者感到困惑。此外，运动型Mini创新性地使用了装饰条——Coopers并不需要它们——而1275GT以其一身"花哨制服"在20世纪70年代曾风靡一时。

【右图】1275GT是基于Clubman的Mini Cooper性能皇冠继承者，不过这款59马力的发动机并没有太多奇特的部件，合金车轮也是仿造的。

○ 【左顶图】一辆Clubman在奥地利与其时尚的主人合影；20世纪70年代初，新款Mini无疑帮助维持了Mini在欧洲的人气。

○ 【右顶图】1973年，克里夫·理查德（Cliff Richard）主演了一部以伯明翰为背景的电影*Take Me High*。他饰演的角色蒂姆·马修斯（Tim Matthews）开着一辆定制的Mini Clubman，车里装备齐全，甚至还有一把内置的电动剃须刀，以保持克里夫健康、无胡须的精致形象。

○ 【上图】Clubman内部的座椅都是全新设计的，其装饰采用了填充有棱纹的乙烯基材料坐垫，还配有防风玻璃，比以前更舒服。

与此同时，位于考利的老莫里斯工厂也停止了Mini的生产，现在所有的汽车都产自位于长桥的奥斯汀工厂。然而，这两个品牌的名字都没出现在新的阵容中：Mini最终凭借自己的实力成为一款汽车的代名词。当然，这完全说得通，因为几乎没有人能说出完整的品牌名称，但传统主义者不禁感到，英国利兰公司（Leyland）正在蚕食Mini分量充足的遗产。

全新Mini Clubman Saloon和 estate 仍然在使用液压悬架，同样Mark III Cooper S也在纠结其存留问题。和1969年其他Mini车相比，为了削减制造成本，具有对比色的车顶板被取消。1275款Cooper S只持续生产到1971年，更小气的是，当时英国利兰公司为了节省每辆车2英镑的制造费用而放弃了与约翰·库柏公司的专利协议。斯托克斯勋爵（Lord Stokes）的这一决定被抨击为目光短浅、心胸狭窄，这是因为它破坏了Mini的友善及品牌形象，但是故事的背景却总被忽略，事实上，库柏一级方程式车队自1969年以来一直处于逐渐衰落中，并且一直没有出现在赛道上。

然而，对于那些热爱激情驾驶的人来说，他们并没有失去一切。全新性能版Mini在1969年被改名为Clubman- based 1275GT。它拥有59马力，1275毫升 A系列发动机，虽然只依赖一个化油器（如果你想再加一个，英国利兰公司可提

偷天换日

《偷天换日》一次次被评为英国有史以来最伟大的电影之一。至少，这部电影在1969年公映时就深深吸引了英国观众的眼球，他们把这出抢劫黄金的喜剧牢牢记在心里。明星迈克尔·凯恩（Michael Caine）那句尖刻的台词："你应该把那些该死的门炸掉！"以及昆西·琼斯（Quincy Jones）欢快的歌词"GettaBloomin' Move On!"（自我保护协会）已被收入英国语言词典，从办公室到酒吧，甚至在足球比赛中都能听到人们在用这些话开玩笑。

故事围绕犯罪团伙头目查理·克罗克（Charlie Croker）（凯恩饰）展开，他从监狱中被释放，并被卷入了一个野心勃勃的计划——在从中国运往意大利的过程中，他偷走了这些珍贵金属，机智地击败了意大利黑手党、警察和安全部门。科沃德·诺埃尔（NoëlCowar）扮演黑社会的权力掮客布拉杰先生，他以英国需要资金为由，批准了克罗克的轻率计划。这起抢劫案在最终的逃亡中使用了三辆Mini Cooper，当然，选择它们是因为这款车小巧且身手敏捷。

早在电脑动画特效技术（CGI）问世之前，这部电影就聘用了专业特技驾驶人，在被克罗克驯服的计算机研究员Peach（Benny Hill）教授弄坏红绿灯系统后，雷米·朱莉安娜（Rémy Julienne）开车穿过交通堵塞的都灵。在许多令人印象深刻的场景中，Mini在地铁里进进出出，穿过下水道和建筑物的屋顶，越过被泡沫覆盖的堤坝，最后在这帮人逃跑前驶入一辆行驶中的公共汽车，让他们功亏一篑。最后的结局让这部电影成为一部扣人心弦的作品。

这部电影由彼得·科林森（Peter Collinson）执导，迈克尔·迪利（Michael dieey）担任制片人，他拒绝了菲亚特（Fiat）提出的在度假时为其提供汽车使用权的诱人条件，这是因为来自英伦的Mini才是剧本的核心。这是因此，Mini Cooper成为真正的主角——在其全球声誉的巅峰时期——它那激情活力，仅凭少许

♂【上图】两辆在《偷天换日》中的Mini Coopers正要驶下台阶进入都灵的一条地铁，足球迷惊奇地望着它们。

电影镜头就能充分展现。

"这将是有史以来最长的汽车广告"，制片人迈克尔·迪利在他2008年的自传中写到。然而，他发现BMC/英国利兰汽车公司对此出奇地冷淡；公司只同意按"成本价"为他提供六辆车，这意味着这部电影的预算不得不增加，以全款再额外购买30辆。迪利回忆道："许多拍摄参与者认为BMC的态度反映了英国汽车行业对营销技巧的抵触心理，这是何等的悲哀。"尽管如此，这部电影已被证实在之后的几十年里极大地推动了Mini的流行。

【左图】在《偷天换日》中，有一项特技表演是一辆Mini从一座大楼飞跃到另一座大楼，雷米·朱莉安娜（Rémy Julienne）和她的特技车手团队表现相当出色。

【下图】在菲亚特都灵工厂测试跑道的一场拍摄中，《偷天换日》中的Mini们正被警察追捕（驾驶一辆Alfa Romeo Giulia）。

供一个转换套件）。它还给自己一个相当明确的描述，在14.7秒内可从0加速到60英里/时，且最高速度可达86英里/时。"小男孩赛车"外观包括车身装饰条和Rostyle仿合金轮毂，而内部仪表组也包含了转速表。

围绕着Clubman和1275GT有一些不友好的问题。首先，被重新设计过的车型性能并没有提升。在全新现代的时髦外观下，车还是那辆老车，且已有10年历史了。因此，按照正常的汽车行业标准，迭代的时机其实已经成熟。其次，Clubman的革新似乎专注于去掉Mini的传统设计元素——由于需要为汽车添加某种企业愿景等因素，其强盛的"无阶级吸引力"遭受围困。难怪，那个Mini作为英国演艺界宠儿的时代正在暗淡。

这些著名的车主包括芭蕾舞界的传奇人物玛戈特·方廷（Margot Fonteyn）、好莱坞万人迷史蒂夫·麦昆（Steve McQueen）、时尚偶像崔姬（Twiggy）、喜剧怪人斯派克·米利根（Spike Milligan）以及流行歌星斯宾塞·戴维斯（Spencer Davis）等。甲壳虫乐队的四名成员也都拥有Mini。保罗·麦卡特尼（Paul McCartney）和林戈·斯塔尔（Ringo Starr）订购了他们自己特别定制的Coopers。1964年，约翰·列侬（John Lennon）也购买了一辆，尽管当时他没有驾照；他还给爱车涂了一层独特、迷幻的车漆。1967年，乔治·哈里森（George Harrison）把他的Mini车借给了埃里克·克莱普顿（Eric Clapton），三年后才把车要回来。Mini是所有在伦敦和其他地方的名人们都想要拥有的小车——恩佐·法拉利（Enzo Ferrari）就是一位著名的Cooper粉丝，在洛杉矶可以偶遇演员詹姆斯·加纳（James Garner）开着他的这辆车。

◁【顶图】这是一辆当时最新型的Mark II，超豪华版Morris Mini，仍旧使用滑动车窗设计，是对20世纪50年代紧缩时期的复古。

◁【上图】直到20世纪70年代，1,275毫升Cooper S型轿车一直在Mark III系列中徘徊，它唯独去掉了色彩对比鲜明的车顶，直到斯托克斯勋爵决定取消使用库珀这个名字的版税，这个特殊时代才得以结束。

【左图】同样是在奥地利，一款 Mini 850引起了市场的极大兴趣——画面左边来自萨尔茨堡的魔术师或许对此非常感兴趣。

【下图】1969年推出的Mark III Mini旅行车采用了可滑动车窗设计，符合实用的目的。

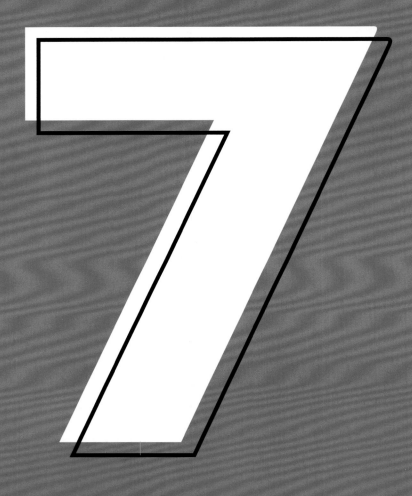

CHAPTER

7

长青之作还是直接
被忽视

如果对20世纪70年代的Mini进行定义，我想只能称之为出乎意料的停滞。这款车或许此前已获得了"汽车国宝"的地位，但它似乎并没有得到相应的尊重，相反，很多人对它异常冷淡。

1971年，Mini Clubman和1275GT加入了圆鼻子车型队伍，完成了对橡胶锥悬架系统的全面改造。之后，在1973年，一个得到明显改进的变速杆被全面引入，摆脱了标准版Mini从起初就应用的"魔杖"。

1974年推出的运动型1275GT成为第一款拥有12英寸轮毂的Mini，同时它还配备了尺寸更大的制动盘。除此之外，来自邓禄普的德诺沃（Denovo）轮毂和防爆胎也算是Mini的一个创新亮点。自1976年到1980年止，这些一直是1275GT的出场标配。与此同时，在1976年，一款几乎没有得到大肆宣传的Mark IV系列上市，它有很多精简和优化——其中双速风窗玻璃刮水器和电动喷洗器是最有价值的新配置，新引入的哑光黑散热器格栅也最为显眼。无论如何，在过去的十年中，该系列始终提供850或1000轿车、Clubman轿车和旅行车、1275GT，以及商用货车和皮卡。

20世纪60年代，竞争对手对Mini取得的成功反响强烈。尽管在德国，大众甲壳虫更受尊敬。但在法国，这一地位是由1961年的雷诺4（Renault 4）创造的，它在一辆紧凑且轻巧的五门旅行车中采用前轮驱动（纵置发动机）。而在意大利，1964年的菲亚特850坚持采用后置发动机的布局，但这种配置对上一年推出的英国Hillman Imp帮助甚微；这款古怪的四座车有点像早期的掀背车，在设计和品质上都存在一定的问题，因此它对Mini在小型车市场的主导地位几乎没什么威胁。

几乎没有公司会直接模仿Mini，但到了20世纪70年代，许多主流制造商已经准备好把Mini最优秀的特质融入自己更多功能、更现代的汽车设计中，后来

♂【上图】虽然它不是长途旅行的最理想座驾，但20世纪70年代中期的Mini 850已几乎可以达成你的心愿。

○ 【顶图】20世纪70年代，由于地球上已有数百万辆小型汽车在路上行驶，那些未能通过英国交通部（MoT）测试或在碰撞中受损的汽车往往毫无价值，它们的残骸被遗弃在英国城郊的荒凉角落。

○ 【上图】达特桑汽车公司（Datsun）通过1971 Cherry 100A这款车成为日本第一家加入横置发动机前轮驱动俱乐部的制造商。

它们被称为超小型汽车也不为过。首先是1971年达特桑（Datsun）推出Cherry和菲亚特推出127，这两款车都采用横置发动机和前轮驱动模式，但雷诺（Renault）5（前轮驱动/纵置发动机）凭借其折叠后座和一直打开至后保险杠位置的掀背式后门，在一年后迎头赶上。随后，在1976年，福特嘉年华（Ford Fiesta）（见第95页）结合了前驱、横置发动机、最大深度后行李舱以及整洁、现代的设计风格，以绝对优势重新定义了超小型车，它从诞生初期就广受欢迎。

早在1971年，Mini的销量就创下历史新高，达到惊人的318475辆，其中10.2万辆在英国本土售出。1972年10月25日，第300万辆车交付客户，1976年，销量又突破400万辆。然而，到了1977年，在嘉年华首次进行全年销售之后，Mini的销量下降了三分之一，到1980年，销量甚至下降了一半以上。

当时，奥斯汀Mini Metro的推出正值英国利兰公司进入泡沫期的超小型汽车市场领域。考虑到伊斯哥尼斯早在1966年就开始研发代号为9X的Mini替代者，而现在看来它的出现至少晚了10年。有很多原因导致该公司未能及早地采取行动。

一是需要在Morris Marina和Austin Allegro两款车上投入大量资源，才能与福特最畅销的家庭轿车福睿斯（Escort）和科蒂娜（Cortina）去竞争；另一个原

因是内部一直在争论Mini替代者的具体尺寸应该是多少。但更棘手的问题是，英国利兰汽车公司在1974年到1975年间破产和国有化之前，面临的即将崩溃的财务生存能力，与此时的Mini却又在20世纪70年代经济危机、工业动荡和燃料危机时期扮演了"完美汽车"的神秘角色之间的相互矛盾。Mini车的购买和维护费用都相对便宜，而且，就像20世纪50年代中后期一样，许多人发现使用它的费用和日常车票支出差不多。1974年1月到1975年1月，随着通货膨胀的加速，英国的汽油价格翻了一番。事实上，对于效率低下的英国利兰汽车公司这个大集团来说，生产这种汽车并没有带来丰厚的利润，但这对消费者来说没什么影响。毕竟，在1973年，考虑到通货膨胀，一辆售价为739英镑的Mini 850比以往任何时候都更便宜，其价格相当于1959年的370英镑。

到了20世纪70年代末，Mini已成为新一代驾驶人最受欢迎的车型。事实上，对于那些在1980年购买了一辆新推出的Metro掀背车的人来说——通过广告和新

闻报道，整个国家都知道这是英国汽车工业的救星——Mini许多讨人喜欢的特点被更多人熟知。这是因为，为了使新的三门掀背车可付诸实施，Mini风格的副车架携A系列发动机、新的Hydragas悬架单元被应用在Metro上。Metro拥有全新的掀背结构，但Mini的许多特点依然存在。它在普通公路上的灵活性很好，但在高速公路上行驶时，搭载一台略粗糙的四速变速器却不太适宜。

然而，四四方方的Metro并不是那个最理想的替代品（尽管它确实扼杀了Clubman系列）。传统的Mini在长桥工厂继续生产，从1980年开始，它还以改版款式悄然出现，给人留下了深刻印象。给全车安装隔音材料是一个复杂的工艺——比如在车顶、排气管周围和前隔板间——这使车内变得安静很多。848毫升发动机已被淘汰，一台全新的

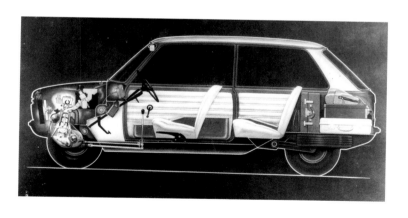

⌀【顶图】20世纪七八十年代，成千上万的英国新驾驶人在学会驾驶Mini后，终于可以甩掉他们的I型车牌。

⌀【上图】亚历克·伊斯哥尼斯为一款代号为9X的Mini替代品设计了这个掀背方案，但除了一辆可测试的样车之外，并没有取得实质性的进展。尽管如此，这个设计还是令人印象深刻。

A- Plus 998毫升发动机很快作为标配应用在简约型City E和舒适型HLE上，压缩比被提高，修正后的化油器使油气混合更精确，配备了特殊的邓禄普低阻轮胎。最终一辆速度可达86英里/时的小车出现在市场上，它可以用17.5秒完成从0到60英里/时的加速，但耗油却非常低，在恒定的50英里/时的匀速条件下，每加仑汽油可轻松行驶60英里以上。在不久后的1982年，梅菲尔（Mayfair）车型问世，它配备了拉舍尔（Raschelle）豪华内饰和与之配套的门边装饰，及第一次在Mini上安装的前排座椅头部保护装置。与之相配的还有着色玻璃和可选加宽型合金轮毂与黑色延伸款塑料翼子板。这是一次姗姗来迟的尝试，目的是竞争20世纪60年代为名人和体育明星定制的豪华轿车业务。

在25岁生日到来之际，欧宝科萨、沃克斯豪尔诺瓦（OpelCorsa/ Vauxhall Nova）、标致205和雷诺5 Mark II等新款小型汽车开始上路，这使得Mini看起来有些过时。如果这个魅力十足的英国小车想继续保持每年3万~4万辆的生产速度，那么它就必须达到一些最低标准。因此，1984年，幸存的City和Mayfair车型标配了12英寸轮毂，以适应更有效的8.4英寸制动盘，并安装了加长的塑料车轮拱。后来到了1989年，更名为罗孚集团（Rover Group）的新公司为了合规，于

◊【顶图】奥斯汀Mini Metro于1980年正式亮相，成为英国利兰公司姗姗来迟的超小型汽车。它实际上并没有取代Mini，但它确实使用了与其杰出竞争对手类似的副车架。

◊【上图】六轮Mini通常是精心设计的特制车辆，但有些也是从标准车辆改装而来的，比如这辆加长的、引人注目的皮卡。

【上图】宝马在2013年发布的图片中强调了Mini同保时捷911具有同等的历史经典地位，也同时凸显了车身上协调的色彩表现。

🔧【顶图】这是1981年新Metro量产后的Mini系列。从左到右依次是，1000 HL（以前的Clubman）、estate 1000 HL和850 City。

🔧【上图】一辆20世纪60年代的Mini旅行车被有趣地缩短成玲珑的双座跑车，这样就可以把车停泊在20世纪70年代英国商业街的路边。

限量版

1976年，一款为了提升士气的Mini 1000特别版上市。其独特的布鲁克兰（Brooklands）绿漆、金色马车线、彩色玻璃和具有橙色拉绒工艺的尼龙内饰无疑十分吸睛，总共3000辆车很快以每辆1406英镑的价格销售一空。受到这个想法的鼓舞，为了庆祝Mini的20岁生日，英国利兰公司于1979年发布了1100特别版。从技术方面来说，这是一款非常有趣的车，是英国制造的唯一一款发动机为1098毫升的标准外形Mini车。活泼灵动的车身以金属玫瑰色或银色为主，与之形成鲜明对比的分别是棕褐色或黑色车顶、侧条纹、加宽型合金车轮、延伸轮眉、格子座椅、1275GT风格的运动转向盘及仪表。事实证明，这款车非常受欢迎，实际销量达5100辆，而最初预估的销量为2500辆。1983年，在Sprite基础上添加了合金轮毂和宽轮拱以实现一台Mini City，并使用新的拉花和人字格椅面。

这是拥有10英寸轮毂的汽车，但在1984年12英寸轮毂推出后不久，Mini 25就出现了，当时这辆车以银灰色整车喷涂、衬有红色调的设计现身。和以往一样，全部5000辆车以两倍的速度被粉丝们抢购一空，从那时起直到1989年推出Mini 30版期间，特别版就一直存在。丽兹酒店（Ritz）、切尔西酒店（Chelsea）、皮卡迪利大街和公园路酒店（Park Lane）都在为Mini庆生（诞生25周年），而其他包括Flame、Red Hot、Jet Black和Advantage特别版车型，也针对其独特的外观细节、喷涂、贴花、轮毂和无数豪华精致的小细节进行了定制改造，向人们展示该品牌的辉煌。

从文化角度来看，或许最重要的特别版车型是1988年与英国时尚界传奇人物玛丽·昆特（Mary Quant）合作设计的Mini。20世纪60年代，昆特也推动了Mini在伦敦的流行。昆特在通过驾驶考试的那一刻就买了一辆全新Mini，她在内饰中添加了醒目的黑白条纹，并认为这是一辆"真正时尚、快乐、让人

【上图】这款1100特别版于1979年推出，以金属银色或玫瑰色的漆面来庆祝Mini的20岁生日。这款车是唯一一辆搭载1098毫升 A系列发动机的标准版Mini，意义非凡。

⚲【左顶图】樱桃红的外观喷涂（也可选黑色）连同镀铬格栅和保险杠让Thirty看上去很棒，这标志着Mini销售走过了第三个十年。

⚲【右顶图】玛丽·昆特（Mary Quant）设计了一款限量版Mini，配有醒目的黑白装饰；Mini是这位设计师推出的第一辆汽车作品，与迷你裙和其他20世纪60年代的标志性流行风尚紧密结合。

⚲【左上图】1984年，银色车身联合灰色、红色的车身装饰线，以及精致豪华的内饰构成了Mini 25，并配以12英寸的轮毂纪念该车25年的发展历程。

⚲【右上图】在1992年推出的英国公开赛经典版上，Minilite风格的合金轮毂、英国赛车绿喷涂与全尺寸的电动织物天窗组成"强强联合"。

微笑的汽车"。

　　这的确消耗了很多创意，但在20世纪80年代末和整个20世纪90年代，长桥生产线一直在加紧作业。这些特别版本身也有大规模生产的车型，例如1985年推出的3725-off Ritz和1993年推出的500 Mini Tahitis；它们也可以是简单的特别涂装或拉花款，比如1990年的Mini Studio 2，也可以是定制的作品，比如1992年的英国公开赛经典版（British Open Classic）（1000辆），它拥有一个全尺寸电动天窗。而在1998年广受欢迎的保罗·史密斯（Paul Smith）版（为英国打造了300辆）有一个和车身一样颜色的蓝色仪表板，漂亮的皮革座椅，牛仔头衬，及对比感强烈的柑橘绿发动机舱盖、油箱和行李舱地板。

是，通过使用无铅汽油来保证Mini上路的合法化。

在日本，人们发现了一个新奇而有趣的成功销售案例。自20世纪70年代中期以来，小巧的Mini在日本一直受到狂热的追捧。1985年，奥斯汀·罗孚日本公司（Austin Rover Japan）从一家私人小型汽车进口商那里接手了这款车，并开始在日本推广销售。此时已可以提供空调和自动变速器等新功能，在接下来的五年内，Mini在日本的年销量从1500辆飙升至1.1万辆。此外，买家在额外配件上的平均花费达500英镑，例如1967年在蒙特卡洛拉力赛上获奖的Mini Cooper S，许多用户在其车顶上选装了一个备用轮架的复制品。

"我们很幸运，在日本'泡沫经济'时期，人们对进口汽车依然有着浓厚的兴趣"，当时负责奥斯汀·罗孚日本公司（Austin Rover Japan）的戴维·布鲁姆（David Blume）说道。"对于热爱汽车的日本人来说，拥有一辆Mini也是梦想的实现。当然，在这样一个拥挤的国家，它仍然兑现了它的承诺：能让四个人——好吧，没有太多行李的情况下——在城市里穿梭，然后可以挤进最小的停车位。这就

◔【左顶图】在20世纪80年代中期，将Mini的车体部件焊接在一起仍然是一项依赖手工完成的工作，就像20世纪50年代构思这款汽车时一样。

◔【右顶图】1985年的Mini City，首次在一个入门版本上使用12英寸轮毂及前盘式制动器。

◔【左上图】20世纪80年代中期，阿斯顿·马丁·蒂克福德（Aston Martin Tickford）为一位个人客户打造了这款全尺寸豪华车。将矩形的前照灯组合在一起无疑是一项独特的设计成就，尽管乍一看有点儿不适应。

◔【右上图】1982年的梅菲尔（Mayfair）是一款常规生产车型，拥有天鹅绒座椅和Mini首款标准头枕，合金轮毂和黑色轮眉延展是额外可选的。

○【顶图】1980年6月，一款新型的"静音版"Mini问世了，在此之前，这辆小车通过了一项消声处理程序，使其在这方面与其他现代汽车并驾齐驱。其效果令人惊讶。

是其宠物一般的魅力所在：娇小而可爱。"

　　1986年第500万辆Mini问世，由爱车的DJ兼电视节目主持人诺埃尔·埃德蒙兹（Noel Edmonds）将其驶下生产线。亚历克·伊斯哥尼斯爵士见证了他的"发明"——在很长一段时间内——成为英国有史以来销量最好的汽车，这真是一个传奇；不久后，他于1988年去世。在取得超过500万辆销量的巨大成功后，Mini由此可媲美大众甲壳虫和高尔夫Mark I、福特T型车和菲亚特124/Lada 2141这些经典畅销车型，在汽车传奇榜上占据了一席之地。

○【上图】罗温·阿特金森（Rowan Atkinson）在同名喜剧《憨豆先生》（*Mr. Bean*）中饰演憨豆先生，他驾驶着20世纪70年代的Mini在剧中亮相，尽管Mini可能会遭到某些观众的嘲笑，但它在世界各地重新获得了超级曝光率。

20世纪末Cooper
再次腾飞

回想起来，Mini在20世纪七八十年代幸运躲过了倒闭险境，这也是它最令人难以置信而被忽略的传奇佳话之一。在20世纪的最后十年，随着一个耳熟能详的名字的回归，它又重新走向了辉煌。

1990年，Mini年产量为1971年巅峰值的六分之一，约为4.6万辆。英国的销量约为1万辆，比同期最高点低了90%。作为Mini正统的继承者，Metro在上市10年后经历了一次重大革新，它配备了全新发动机、全新interconnected Hydragas悬架系统，并对车内外进行了翻天覆地的重塑。当时，Mini最具新闻价值的事情是选择了催化转化器来净化尾气排放。

Mini在出口市场特别是在日本的受欢迎程度，是保证伯明翰生产线运转良好的关键。而更名反映了Mini的制造商想要进军高端市场的愿望，BL轿车于1982年更名为奥斯汀·罗孚集团（Austin Rover Group），1986年又更名为罗孚集团（Rover Group）。同样，不符合这一策略的子品牌也被毫不客气地抛弃，这意味着奥斯汀（Austin）、莫里斯（Morris）和凯旋（Triumph）时代的终结。

当年，表现不佳的车型也被边缘化，尤其是表现平平的迈斯卓（Maestro）和蒙特戈（Montego），而该公司的新款罗孚车型则是与本田（Honda）联合研发的。捷豹、利兰货车和优尼派特（Unipart）都从公司剥离出来而被出售，其后是所有者的变更。1988年，英国政府将罗孚出售给英国航空航天公司，在经历了23年的动荡之后，英国政府也终止了对罗孚的国家托管。

然而，Mini仍然是有史以来最受欢迎的汽车单品之一——如今的车主仍然

○【上图】第一次复活的Coopers是这辆1990年产的1650限量版，带有John Cooper特色的发动机舱盖条纹、天窗和聚光灯；发动机是MG Metro的61马力发动机。

【上图】1994年，约翰·库珀与他的豪华版Mini Cooper合影留念。这款车是为了纪念库珀车队赢得一级方程式世界冠军35周年而特别发售的。

热衷于驾驶这款车，还有数百万人对他们曾经驾驶Mini的日子怀揣美好的回忆。在1989年诞生的Mini ERA Turbo车型上，曾有过一次短暂而奇特的尝试，即试图将Mini引以为傲的卡丁车式驾驶乐趣与当时可提高速度的创新技术结合起来。Mini Cooper这个神奇的名字依然能引起巨大的共鸣，它已成为英语中正式的专用名词，在所有英联邦国家亦然。

约翰·库珀很清楚自己名字的魔力，1982年，他试图将一辆Austin Metro Cooper投入生产，但由于可能会与MG Metro发生正面冲突，最终他放弃了该项目，而来自日本的经销商和客户却抓住了Mini Cooper复苏的机会。John Cooper Garages为Mini Maruyama（丸山）在东京生产销售的998毫升标准版Mini提供一套Cooper改装套件。后来振速（Janspeed）改装公司与其合作完成了这

一有意思的项目，并很快大受欢迎，第一年就卖出了1000多台。随后约翰·库珀决定在英国正式推出这辆售价为995英镑的特别车型，仅仅在杂志上发表了一篇文章，就立马收到了70份订单。

大众的热烈关注度让罗孚措手不及，由此决定迅速重振汽车业务。将61马力、1275毫升单化油器的MG Metro发动机安装在Mini上，再添加一个机油冷却器及一个带有双排气管、消声器的三叉排气歧管，这些都能够轻松实现。唯一棘手的部分是设计一个额外的电力冷却风扇，才能让全新Cooper通过当时新推出的驾驶噪声规定。Minilite风格的合金轮毂，黑色延展型塑料轮拱，颜色对比鲜明的白色车顶，这些细节看起来非常酷，而其余的车内装饰设计紧随最新Mini 30周年限量版的轻奢风格。

这辆车于1990年6月以6995英镑的价格推出，事实证明，罗孚Mini Cooper工厂复兴的时机是正确的。这次共有1650辆首发版汽车（英国1000辆，日本650辆），配有发动机舱盖上约翰·库珀签名的条纹装饰、玻璃天窗和双聚光灯，由于吸引力巨大而在几天内就售罄。不足为奇的是，4

⭗【顶图】这是"1.3i"徽章，这个新的翼展徽章预示这款1991年推出的Mini应用了燃油喷射技术，并带有催化转化器，而化油器已成为历史。

⭗【上图】常规版1990 Cooper没有类似机油冷却器那样的精密部件，但比入门特别版便宜了近400英镑，售价仅为6595英镑。20世纪90年代，Mini Cooper的永恒气质继续得到广泛的欣赏。买家喜欢它的可靠性，即便它年岁渐长，其销量依然保持较快增长。

S.W.L. 200 T
C.H. 2·5/3·0/4·6/6·8 M

神成丸
東京
JINSEI MARU
TOKYO

[TUG]

SPEED LIMIT 12

🔼【上图】来自日本的强劲需求量是维持Mini生计的一个关键因素；1994年，新Cooper S开始了为期数周的海上旅行，前往东京和大阪与正盼望它们的新主人相见。

个月后他们推出了一款相对常规的产品，去掉了机油冷却器、发动机舱盖条纹装饰和天窗，却只便宜了400英镑。一个月内，售出的Mini车中近三分之一都是Cooper，约翰·库珀快马加鞭地又开发了一套性能提升套件——Cooper S需额外付出1751英镑，提供高达78马力的发动机、可调减振器以及更多轮胎选项，从而提高了操控性能。

Mini的整体销量并没有大幅增长，但消费者为每辆车支付的费用却更高，Mini Cooper的复兴以相对少的投入为罗孚带来了巨大的商机。事实上，它使该公司成为复古风潮的先锋。几年之内，罗孚也恢复了MGB生产线；20世纪90年代末，大众推出了新款甲壳虫汽车，而美国汽车巨头克莱斯勒为其PT Cruiser家族轿车赋予强烈的20世纪50年代复古特征。

就在Cooper"华丽转身"的一年后，化油器开始从Mini的圈子里退出，这是因为Cooper的发动机改用单点燃油喷射与催化转化器作为标配。1992年5月，50

马力的Mayfair和新款Sprite取代了City，998毫升发动机也被悄悄抛弃。到1994年，所有新Mini都是燃油喷射的。从表面上看，这些汽车的确很像是活生生的古董，但在发动机舱盖下，它们至少跟上了全球汽车行业大规模减排的环保步伐。

这似乎给当时已略显过时的Mini带来了活力提升。罗孚增加了一些有价值的改进，比如1993年推出的基于Metro的前座和发动机舱盖内部释放装置，以及为Mayfair设计的非常吸引人的全宽木质仪表板。

1994年，使Mini汽车继续蓬勃向前的愿望得到了进一步推动。就在那一年，英国航空航天公司（British Aerospace）对罗孚的所有权宣告终结，这家英国公司连同其在英国汽车行业的全部资产被卖给了德国宝马（BMW）。事实证明，对任何依恋Mini的粉丝以及喜欢驾驶个性汽车的用户来说，这都值得庆祝。宝马很清楚一点：Mini是罗孚内部被忽视的珍宝之一，随后宝马便立刻开始计划推出一款全新的Mini。有趣的是，宝马董事长贝恩德·毕睿德（Bernd Pischetsrieder）还是亚历克·伊斯哥尼斯的远亲，毕睿德本人也是一位汽车爱好者。

⚲ 【顶图】1997年的运动套件看起来棒极了，虽然那些超宽的车轮没有给操控带来更多提升……也并不便于泊车。

⚲ 【上图】1998 Cooper LE拥有帅气的驾驶舱，其背景是一辆20世纪60年代Cooper赛车。转向盘上已配有安全气囊。

　　在宝马抵达长桥工厂后不久，Rover 100车型于1997年走到了产品周期的尽头。简单地说，这是毫无魅力可言的Metro的最后一个更名版本，100已被Mini超越，这款车原本是要在17年前取代Mini的。来自罗孚的英国设计及营销团队接受了德国慕尼黑新老板的挑战，他们要设计出尽可能有趣的创意，为Mini增添靓丽的色彩。这辆车最初的投资早在几年前就收回成本了；因此其动机并不是要从它身上榨取更多价值，而是要采用哈雷-戴维森（Harley-Davidson）的方式来激发欲望。因为，用户已没有理由为一辆老式的哈雷摩托车支付多于一辆新款本田汽车的钱，尽管这种容易驾驶的机器形象仍然可以让部分消费者买单。

　　1996年10月，重新审视经典Mini的第一个结果很快出炉。这些丰富的变化是多年来最彻底、最有价值的一次革新。为了赶在日益严苛的新车开发规范之前推出这款产品，其散热器被重新安置在紧凑型发动机的前部——这是20世纪60年代末首次被考虑的——以助其符合新车的驾驶噪声标准。与此同时，燃油喷射升级为多点喷射系统，以实现更清洁的排放。63马力发动机被安装在Cooper和1.3i车型上。

　　最重要的是对乘客安全的关注，重新设计的转向柱现在可以容纳驾驶人安全气囊，车门内侧还装有防撞梁。从车顶到油箱周围，增加了大量的隔音设计，以减少Mini在长距离行驶时对感官的不良冲击。每一款Mini都配备了全宽木质仪表板。

敞篷系列

第一辆敞篷Mini是1962年由两位工作于克罗伊登（Croydon）的一家工程公司的工程师打造的。杰夫·史密斯（Jeff Smith）和大卫·麦克马伦（David McMullen）把车顶拆了下来，然后在底盘和后座部位做了大量加固，以防止车身扭曲，并加强门锁部分以防振动。人们对这款敞篷车的反响十分热烈，以至于他们决定辞掉工作，在肯特郡韦斯特汉姆市（Westerham）开始开发克雷福德牌汽车（Crayford Auto），并从1963年开始通过经销商销售其产品。他们很快就能每周产出两辆车，当他们决定保留原来的侧门和窗框时，车身也得到了很大改进，变得更加坚固，并弥补了由于去掉车顶而削弱的车身强度。

1966年，食品公司亨氏（Heinz）委托克雷福德（Crayford）改造57辆沃尔斯利大黄蜂（Wolseley Hornet）敞篷车去参加一场大型消费者竞赛，之后该汽车公司一战成名。由于史密斯和麦克马伦都是训练有素的工程师，他们的工作也是值得信赖的。但其他款式的"卸顶"Mini却并非如此。20世纪80年代，在英国和欧洲大陆，改装的需求激增，德国汽车经销商拉姆·欧豪斯（LAMM Autohaus）成功地引入敞篷版Mini。1991年，罗孚对他们的新产品印象深刻，并为75辆敞篷车的制造提供了支持。自从1964年Moke问世以来，还没有出现过如此激进的Mini新造型，折叠起来的车篷看起来有点像婴儿车。当这些车卖完后，罗孚决定从LAMM公司购买这个项目。1993年，德国卡尔曼公司的软顶专家们被要求对其重新进行设计，并为更广泛的销售工作做好准备，但由此产生的花费达到令人瞠目的1.2万英镑。不过，其车身得到了更彻底的加固（比标准版Mini Cooper重了154磅），著名的英国敞篷车专家Tickford提供了专业设计制造的发动机舱盖。

尽管成本相对高昂，但截至1996年，罗孚仍成功销售了1081辆样车……但是，很多人都不敢再选购那些在小作坊里改装出的山寨软顶Mini。

⚲【上图】克雷福德（Crayford）公司创始人大卫·麦克马伦（David McMullan），他的公司给向往自然的人们开发了几百辆敞篷Mini，这是其中一辆。

⚲【下图】罗孚1993年推出的Mini敞篷车；高质量的车篷必须在后部以类似婴儿车的方式堆叠起来。1.2万英镑的价格相对昂贵，但投入了大量的改进工作，增强了其完整性……不像一些非官方的山寨改装车。

△【顶图】过度追求新造型可能会让伊斯哥尼斯很气愤，但在其他人看来，2000年Mini Cooper Sport引人注目的仪表板看起来非常炫酷。

△【上图】木质的内饰与换档把手，一个全石头纹皮革的改装——如果你负担得起，这是让1997年后的Mini看起来更成熟且简洁的好方法。

当然，人们熟悉的Mini外形仍无拘无束。不过，现在有大量的零部件和配件可供选择，这样你就可以定制打造属于自己的汽车。因为当下几乎每一款Mini都可以高度个性化，所以不会再每隔几个月就推出一款新的限量版车型（除了保罗·史密斯和40周年纪念车型）。你可以选择引人注目的全车顶方格贴，也可以选择运动套件，包括聚光灯组和超宽车轮、轮胎和挡板（为了适应后者，一些尾翼不得不被拆掉）——悬架系统会让常规的泊车有些不适，但它看起来的确很有范儿。

Mini第一个正式的品牌徽章，即发动机舱盖上的车徽成为最后的点睛之笔，在Mini字母两侧有挥动的翅膀，就像阿斯顿·马丁（Aston Martin）、摩根（Morgan）等英国跑车一样。

这辆车现在的起售价是8995英镑，且没有任何额外的豪华配置。它的定位不再是一辆廉价的入门车，而是一款价格合理的车型，消费者花上1.5万美元便可拥有它。然而最终结果或许已被料到，销量大幅下滑，年产量仅为1万辆左右，其中一半还是销往日本。时间来到2000年，也就是包含了原版Mini最后十个月销售期的那一年，其销量才刚刚超过7000辆。

Mini在其漫长的生命历程中经历了英国汽车工业的起起伏伏，在其发展道路上还会有更多的艰难险阻。2000年3月，令人震惊的消息爆出，在发现主流汽车业务正在蚕食其利润和内部资源后，宝马就是否出售MG和罗孚品牌以及庞大的长

桥工厂展开谈判。英国媒体一片哗然，最终，罗孚业务没有卖给风险投资家Alche-my Partners，而是卖给了凤凰财团（Phoenix Consortium）。该财团由罗孚过去以及现在的管理人员组成，承诺要扭转公司的经营状况，挽救品牌并涉及许多工作。路虎被卖给了福特，但宝马保留了Mini。在一次戏剧性的互换中，即将推出的新款Mini生产线被连根拔起，搬到了牛津考利（Cowley），而位于那里的Rover 75工厂则被替换性地转移到了长桥。

　　在整个过程中，老款Mini的生命周期不断缩短，其所有制造和售后的责任都移交给了MG罗孚集团。于是，这家新成立公司的总经理凯文·豪（Kevin Howe），在2000年10月4日最后一辆原版Mini下线时亲自来到了现场。

【上图】在伦敦波多贝罗街（Portobel-lo Road）（距离骑士桥约2英里）上一家形似小剧场的旧货商店外，停着一辆宽轮金色Knightsbridge最终特别版。

🔊【顶图】2000年春天，最终版本的Cooper S一经推出即成为收藏家们趋之若鹜的臻品。

🔊【上图】这是2000年3月拍摄到的最后一批朴实无华的Coopers，其每一个细节，如翠绿的车身和白色的车顶都如同期望一般引人注目。

　　很了不起的是，这款车确实进入了21世纪。1959年，也就是该车推出的那一年，大约有2万辆这种革命性小型车交付给了那些抱着不确定态度却兴奋不已的顾客手中。第一个100万辆的里程碑是在1965年达成的，也就是英国实施70英里限速（那也是848毫升Mini的最高速度）的那年。1969年，当人类登上月球、超音速协和客机飞上天空之际，人们庆祝了第二个100万销量。三年后的1972年，尽管像雷诺5这样的全新超小型汽车在小型车领域引领了潮流，但第300万辆的销量还是实现了。1976年，第400万辆Mini问世，也就是在那一年，它才标配了加热后窗和警告灯。第500万辆Mini于1986年上市。但是它仍然有14年的寿命，随着生产制造的终止，其总产量最终达到5387062辆。在很大程度上，它是英国有史以来最畅销的汽车，其大批狂热粉丝可能为原版Mini的退出而落泪。但Mini的新篇章也即将开启。

全新MINI的
诞生

在宝马的主导下，一辆全新理念的MINI诞生了。它融合众多Mini魅力于一身，并用一种完全现代的方法去诠释Mini的成就与传奇。

1994年，宝马收购罗孚集团，引发了德国汽车业的并购热潮。梅赛德斯-奔驰很快合并了美国克莱斯勒，大众汽车则通过多样品牌的加入充实了其产品组合，例如斯柯达（Škoda）、宾利（Bentley）和兰博基尼（Lamborghini）。1998年，宝马采取了更为大胆的举措，收购了劳斯莱斯汽车（Rolls-Royce Motor Cars）。多年来，由于其他国家造不出足够多的高档汽车，消费者的现金一直源源不断地流入德国国库；现在，这笔钱正被用于一场运动，即收购那些初现经营不善的端倪却声誉很好的汽车公司。

然而，这一轮疯狂的收购也伴随着艰难的调整期——尤其是宝马将其意志强加给罗孚的现实企业文化。尽管有很多计划，但在其问世36年后新款Mini仍然没有露面，这无疑将错失巨大的商机，每个人都意识到这点。而现在，一切终于即将改变。

早在宝马到来之前，罗孚设计师的桌子和图钉板上就贴满了他们对全新Mini的早期构想。然而就在不远处，那辆旧款汽车仍未停产；它是劳动密集型产物，其发动机可以追溯到1951年，从被动安全的角度来看，其车身结构也严重落后于时代。

当宝马抵达罗孚时，他们很高兴地发现，一些鼓舞人心的工作已经在进行中。这其中包括一些实质性的新举措，例如由第二代Metro interconnected Hydragas悬架系统改装的原版Mini，以及亚历克斯·莫尔顿博士（Dr. Alex Moulton）的热情参与。与此同时，在提案阶段有各种各样的想法不断涌出，包括打造一辆以

▷【上图】这是弗兰克·斯蒂芬森（Frank Stephenson）于1995年创作的早期草图之一，大致展示了新款Mini的外形。

○【上图】上面这些概念草图是由弗兰克·斯蒂芬森绘制的关于新款Mini的细节。

驾驶位置为座舱中心的城市用车，并配备双后排座位——有点像一辆小型化、低功率版的迈凯伦F1。

宝马首席执行官贝恩德·毕睿德（Bernd Pischetsrieder）坚持激励英国人的这种创造力。报道援引他的话说："我想明确一点，罗孚和路虎的设计及工程运营将保持全面运转，并在很大程度上独立于我们（慕尼黑）。"全新Mini被分配到一个项目代码——R59，且所有的系统都接入创意实验室，毕睿德热衷于让原版Mini时期的主创人员参与进来，包括杰克·丹尼（Jack Daniels）、亚历克斯·默尔顿（Alex Moulton）和约翰·库珀（尽管他们的贡献可能不会在最终成型车上体现）。

或许不可避免的是，罗孚仍希望以ADO15的开拓精神创造一款经济型汽车。Mini的设计总监大卫·萨丁顿（David Saddington）对老款Mini 10英尺长

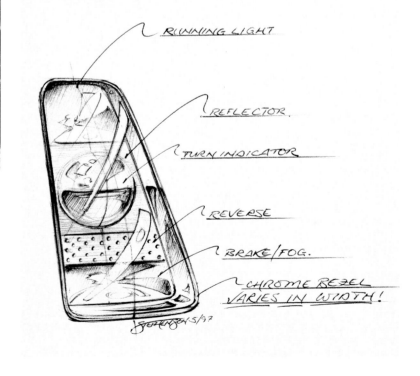

○【顶图】1995年，斯蒂芬森提出Cooper后端的车号牌应低于保险杠线。

○【上图】弗兰克·斯蒂芬森受到褒奖的Mini设计，一面小小的后视镜让人眼前一亮。

○【右图】尾部灯组丰富的设计细节。

RUNNING LIGHT

REFLECTOR.

TURN INDICATOR

REVERSE

BRAKE/FOG.

CHROME REZEL
VARIES IN WIDTH!

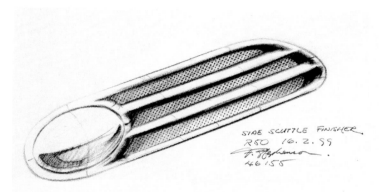

的车身进行了一次经典的现代化四座改装，而他的同事奥利弗·勒·格莱斯（Oliver Le Grice）则构思了一个更为激进的设计，把后置发动机安装在地板下，并使用副车架。与此同时，为了应对潜在的风险因素，他们还请来了罗孚内部拥有多年经验的顾问罗伊·埃克斯（Roy Axe），用现代欧洲的风格打造一款传统的超小型汽车。

1995年10月15日，一次由萨丁顿（Saddington）组织的决定性设计会议在位于沃里克郡盖顿（Gaydon, Warwickshire）的传统汽车中心——罗孚测试跑道设施旁举行。这是一次国际性的思想碰撞，当然不仅是因为宝马高层的出席。尽管宝马保证英国人将参与设计新款Mini，但也要求自己在慕尼黑的设计团队及位于加州的梦工厂（Dreamworks）工作室对这款车的设计大纲进行审稿。这些团体不受存在了近半个世纪的Mini传统的束缚，从而可以真正从一个局外人的角度来看待它。设计总监克里斯·班格（Chris Bangle）和其团队的本能反应是刻画一辆全新的Mini Cooper，一款紧凑型跑车，而不是一辆10英尺长的城市用车。更重要的是，其装配的罗孚75型悬架系统、前置麦弗逊式悬架、车尾的Z轴尤其受宝马产品大师沃尔夫冈·莱茨勒（Wolfgang Reitzle）的青睐。

盖顿峰会此时起到了决定性作用。罗孚提供了三款设计，宝马也有几款，争论非常激烈。格莱斯（Le Grice）的设计很快就被淘汰，人们认为它很出色，但过于未来主义，最终，大卫·萨丁顿（David Saddington）的方案，以及来自美国的宝马设计师弗兰克·斯蒂芬森构思的一款类似小型乘用车的方案同时胜出。罗孚员工很可能觉得自己被背叛了，但作为一家成就斐然的汽车公司，宝马决心生产一款既受欢迎又能盈利的汽车。想象中，一辆带有运动和复古色彩的传统小型车就能

◊【左顶图】1997年车内设计概念之作，突出圆形和椭圆形的主题。

◊【右顶图】托尼·亨特（Tony Hunte）于1997年渲染的仪表板和中控台。

◊【上图】Mini的侧翼完成了趣味化的视觉效果。

【上图】斯蒂芬森正努力完善这个全尺寸Mini黏土设计模型。

做到这一点。

由此,萨丁顿决定管理整个设计项目,斯蒂芬森负责外部设计,而罗孚的设计师托尼·亨特(Tony Hunter)和温·托马斯(Wyn Thomas)负责内部设计。在萨丁顿的监督下,这款车被包装成一辆全四座产品,而宝马将在德国继续进行工程任务。项目很快变得明朗起来,由于所有行动都需要在一起,于是罗孚在1996年5月收回了工程部分的工作。这款全新Mini的代号被命名为R50,它将成为一辆使用罗孚K系列发动机的英国汽车。

或许,这还只是英国工程师们的设想,直到宝马突然宣布,一款全新的发动机将由它与克莱斯勒成立的新合资企业提供,并从巴西的一家工厂采购。这严重挫伤了英国人的自豪感,但显然,在斯蒂芬森设计的低发动机舱盖线下被空间严重挤压的K系列发动机已经存在问题,尽管K系列是一台反馈不错的发动机,但它是因可靠性问题和保修政策而"名声大噪",宝马希望在其新款车中将这样的问题排除。于是,罗孚现有的R65五速变速器也被改装,从而与新发动机相匹配。团队创造了奇迹,将转向器和前悬架都整齐地安装在汽车的小鼻子下。但是与慕尼黑的沟通并

👌【顶图】Mini设计团队负责人格特·希尔德布兰德（Gert Hildebrand）与Marisol-Manso-Cortina讨论喷漆工作，Marisol-Manso-Cortina负责整个项目的色彩和装饰。

👌【上图】大卫·萨丁顿不仅参与了新车的包装设计，还参与了最初设计比稿的英国设计方案。

不总是顺利的。据报道，有一次，一家由工业仲裁专家组成的团队被请来帮助其增进彼此间的理解。这被视为典型的英国式冷嘲热讽，而在毕睿德和雷茨勒双双离开宝马后，宝马已经实际上掌控了Mini设计的全过程。但是，毕睿德的离开是个沉重的打击；他非常亲英，也曾说过："Mini是唯一可爱的小型车，其他的就像肥皂条。"1999年，这款接近投产的汽车，大部分最终测试由位于英国的小组迁至德国完成，许多改进都是在纽博格林赛道完成的，这对宝马的工程师来说再熟悉不过了。

新款Mini的开发可能比大多数新车都要麻烦；毕竟，当创造者们试图取代一个偶像时，历史上已经存在了许多失败案例。不过对罗孚来说，似乎总是悬而未决的所有权给其带来额外压力。2000年5月，宝马放弃了旧的罗孚汽车业务，同时小心翼翼地从中选择了新的Mini项目。这意味着要放弃专门建造的新长桥装配厂，并将新的Mini生产线迁往牛津的考利。这是一种返乡的感觉，因为在1959年到1968年间，最初的Morris Mini已在这里生产了60多万辆。

2000年春夏，宝马放弃罗孚所有权的消息占据各大新闻头条，但全新的、几乎可以满足客户所有需求的MINI Cooper（官方新命名）——在某种程度上抵消了公司动荡的负面消息，并在当年10月的巴黎车展上进行了积极的公开亮相。设计师弗兰克·斯蒂芬森坦率地总结道："它有其前世的基因和许多特征，但其车体更

大，动力更强劲，肌肉更发达，也更令人兴奋。"

更令人兴奋？这对那些为原版汽车做出贡献的伟大参与者来说有点委屈，毕竟有了他们的努力，斯蒂芬森才能够如此娴熟地"模仿"。Mini纯粹主义者和业内人士都在谴责新汽车抛弃了伊斯哥尼斯太多的想法，尤其是其重量、尺寸，以及浪费的布局方式。正是这种布局让这款四座汽车的空间变得非常紧凑。

随着最初的那辆车即将退役，且大多数汽车爱好者已经熟悉了这辆新车，一个新的时代开始了。MINI由此也成为第一款真正意义上的高级超小型汽车。

那辆于2001年7月在英国上市时迎接消费者的新车是什么样的呢？它给人的第一印象是一个模糊而又熟悉的侧面轮廓，向四面八方舒展开来。新MINI忠实地保持着原来外观的样子，但它更长、更宽，也更阔绰，特别是较大的车轮（相对于旧款汽车而言）。这辆车几乎比它上一代长2英尺。因为悬架部分很小，额外的空间被用来分给驾驶舱以及最先进的安全系统，从而也提升了抗撞击表现。汽车的肩线沿着圆形前灯柔和提升，而更宽的六边形格栅则沿用了1967年以来所有原始Mini都有的熟悉样式，垂直尾灯组和镀铬包围同样让人立刻联想起1959年的原版车型。另一方面，内部空间几乎类似2+2GT跑车，强调的是两个前排座位，而不是相对紧凑的后排座位。一个巨大的圆形仪表板占据中控台，可以容纳所有刻度盘和仪表。当然，还有敞篷版可选以及可折叠的后座——即使在20世纪70年代中期的鼎盛时期，原版Mini也没有这些耀眼的配置！

◑【左顶图】新款Mini的1.6升Tritec发动机是与克莱斯勒合作开发的，且从巴西工厂采购。

◑【右顶图】这款新车的前、后悬架系统很大程度上借鉴了宝马的做法。

◑【上图】全新Mini先进的安全结构是相较于前作的巨大飞跃。

◒【对面，顶图】位于希利总部的MINI测试团队正在酷寒天气中作业。

◒【对面，下图】极热天气测试可以确保MINI在任何地方驾驶都能保持顺畅。

为了把大部分的机械装置都安装在相对狭小的前端，蛤壳式发动机舱盖设计比较特殊，掀起时前翼和前照灯随着发动机舱盖一起起来。其下面是与道奇霓虹（Dodge Neon）共享的四缸全合金16气门Tritec发动机，排量为1598毫升。与K系列相比，这实则是一个倒退的做法，因为只有缸盖是铝制的，缸体仍是老式铸铁。对此有两种配置可选，90马力基本款MINI One（售价为10300英镑），和115马力主流Cooper（售价为11600英镑），全新的MINI商业模式已宣告成型。

老款车型以前只提供四速手动变速器或传统的自动变速器，但现在有了五速手动变速器或电子无级变速器可选；后者可选择在转向盘上安装Steptronic换档控制装置，它对应六个固定的换档齿比，对于任何反对CVT而认为明显缺乏运动感的人来说，这是一个说服他们的福音。在橡胶悬架系统中，前面是麦弗逊式悬架而后面则为多连杆，前后都有盘式制动器，配有以电控稳定系统和制动力分配系统为核心的防抱死制动系统，并配有新颖的线控节流阀。作为综合安全措施的一部分，它同时安装了前、侧安全气囊和可选的防漏轮胎。原版Mini Cooper的视觉特征之一是白色的车顶，与车身的整体颜色形成鲜明对比，而这个特征重新出现在MINI Cooper身上，黑色的窗户环绕车身，就像一条连续的玻璃带，与其外观融为一体。Cooper也有一个发动机舱盖通风槽和双排气装置，它的确与众不同。

冗长的预告片

截止到20世纪90年代中期，这种"概念车"已经成为每年新车发布和车展的重中之重。这其中有两种方向：一种是对款式和技术的疯狂追求，以彰显制造商正迸发出无限创造力，自信应对中长期可能到来的挑战；另一种则更趋向于现实，即以低调的方式提前体验即将上市发布的新品。后一种概念车起到了缓冲作用，可以减轻新车带来的冲击，让买家为短期内即将到来的车型做好准备。两者都是营销工具，而不是原型车，因为概念车通常都不会直接投产。

几十年来，英国利兰公司一直对自己的未来计划保持一定的谨慎态度。从1994年宝马收购利兰以来，它希望发出这样的信号：虽然经典Mini正在退出历史舞台，但一辆全新的MINI正在路上……许多买家想推迟购买其他新车，坐等这款新品到货。

然而，宝马选择了一条不同寻常的道路，用Mini概念车来表明自己的意图，他们相信凭借巧妙的设计足以吸引更多的关注。

首先，在1997年初的蒙特卡洛（Monte Carlo）拉力赛上，宝马推出了ACV30，这是一款小型双座轿

跑。两年前在盖顿峰会上，作为宝马自己在加州设计的Mini原型车之一，ACV30诞生了。这个时机很好，在Mini在这项赛事上取得胜利的30年后。它使用了MGF驾驶装备，带有一些经典奥斯汀-希利精灵Mark I"蛙眼"（Austin-Healey Sprite Mark I "frogeye"）车型的复古色彩，显眼的车头灯组，鼓起来的车翼，十分紧凑的座舱。事实证明，宝马从一开始就戴着运动且极具Cooper色彩的眼镜来看待这款新Mini。不过，其内部的喷漆和中央圆形仪表板很具有前瞻性。

就在几周后，奥利弗·勒·格莱斯（Oliver Le Grice）的两款后置发动机Mini——1995年以来的冷门款——在日内瓦车展上首次公开亮相。这辆三门轿车现在被命名为"Spiritual"，其五门加长版兄弟被命名为"Spiritual Too"。或许，这只是向宝马证实，对人们想要一款全新Mini的猜测是正确的。

最终，在1997年秋季的法兰克福车展上，一款接近量产版的MINI Cooper样车亮相。令人惊讶的是，这款车确实奏效了。然而，在能够买到第一辆量产车之前，他们等待了很久——差不多4年过去了……但是，新车总算可以在路上驾驶了，宝马对这一天满怀希望，并被这种期待弄得近乎"半疯"。

✎【顶图】类似伊斯哥尼斯风格的"Spiritual"草图，展示了后置发动机的优势。

✎【左上图】ACV30概念车于1997年3月推出，以纪念Mini Cooper赢得第三次蒙特卡洛拉力赛胜利30周年。凸出的车轮拱和车顶轮廓非常明显，但最终并没有采纳在量产车中。

✎【右上图】Spiritual和Spiritual Too代表了英国人对全新Mini的看法，即先进的经济型汽车被重新改造。

✎【对面图】量产版全新MINI Cooper于1997年亮相，这对长期以来一直喜爱这款英国车的车迷来说无疑是一种文化冲击。

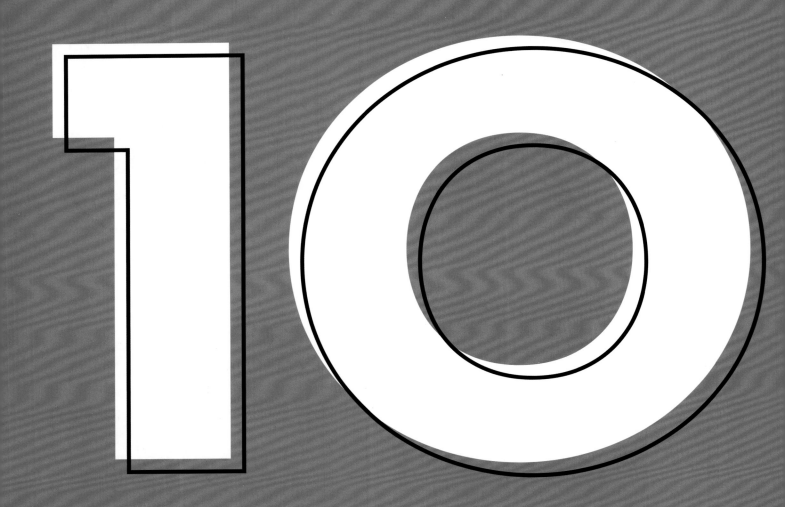

CHAPTER

10

MINI，经典的彻底颠覆者

Cooper从一开始就走在最前线，新款MINI重燃了小型车的世界。这是一辆有趣且令人向往的小型车，对英国制造业来说可谓是一针强心剂。

毫无意外，这应该是2001年最受期待的新车。汽车媒体急于拿到这款MINI新车，希望借此向渴望购买的潜在客户传递好消息。

这也足以证明德国和英国开发团队的综合工程技能，这款MINI成为驾驶者们的最爱之一。每一个坐在转向盘后面的车评人都对这款车出色的操控性和精准的转向赞不绝口。权威杂志*Autocar*简洁地称赞道："它能让人全身心地享受驾驶，甚至能让你通过加速踏板和转向盘精确改变转弯路线。是的，在极端情况下的确会有转向过度的状况，但在大多数情况下，由于方向控制的稳定性十分优秀，如果你用力过猛，你可能遇到的打滑情况也比较轻微。"这款车的制动系统也广受好评。有些人可能对这辆车的体积和过于明显的时尚感颇有微词，但老款Mini一直因历史原因在急转弯时转向过度，而新款MINI却给大众带来了丰富的乐趣，其抓地极限远超出大多狂热驾驶者敢于尝试的范围。

这款车底盘的卓越性是毋庸置疑的——这也使得发动机的表现相对一般。在一辆重达1125千克的汽车上匹配116马力，即便是Cooper，每个驾驶过它的人都会感慨其表现平平，0到60英里/时的加速用时为9.6秒，但在中档加速时明显慢了下来，而汽车达到100英里/时需要28秒以上。

♂【上图】悬浮车顶的想法通过各个支撑柱与玻璃在汽车顶部形成一条黑色带的方式实现，而这一应用在MINI上的创新是从路虎揽胜得来的。

○【左图】这款新车的六边形格栅延续了1967年Mini Mark II系列首次亮相时的外形轮廓。

♀【左下图】座舱内的一个核心装备是装备在中央的仪表显示器，正如伊斯哥尼斯所设想的那样是圆形的，尽管下面有一个现代化的控制台。

当然，并没有多少人会想到新MINI车的重量增加到1吨，甚至对于购买入门级MINI的消费者来说，这可能根本就不会发生。每个人都喜欢现在极具运动感的驾驶舱，出色的全方位视野，以及机舱般的氛围和装饰；虽然初期遇到了一些麻烦和少量召回，但销售新款MINI的宝马经销商迅速采取行动，帮助工厂解决了问题，这样客户就不会像20世纪70年代英国利兰经历最黑暗时期那样感到沮丧。汲取前辈精华后融合创新的全新MINI变得非常受欢迎。

2002年1月，宝马立即采取实际行动，纠正了外界对MINI Cooper平庸表现的批评。从字面上看，这个系列是通过增加S来赋予Cooper高性能。Cooper S车型闪电般的加速性能可以在7.5秒内从0加速到62英里/时，最高速度为135英里/时，这是Tritec发动机的一个增压版本，可提供163马力。Cooper S配备了六速手动变速器，以及一个运动避振套件。伊顿增压器的安装意味着电池必须被安置在行李舱内（老款Mini的阴影又出现了），这意味着要牺牲备用轮胎，因此防爆轮胎就成了标准配置。

同往常一样，全新MINI的发布和上市之间有很长一段距离。2002年6月，Cooper S以14500英镑的价格进入展厅。事实上，这辆增压高性能车从1998年左右就已成为计划中的一部分，而其到来也相当及时。

当然，Cooper和Cooper S都算常规版，它们都是从考利的常规MINI生产线上打造而来的。尽管约翰·库珀在2000年不幸去世，但约翰的儿子迈克尔（Michael）一直持有Cooper这个命名，最终宝马和迈克尔就授权使用"Cooper"这个名字达成了许可协议。

在考利打造Mini

早在1996~1997年，宝马就花费2.8亿英镑对位于牛津考利的莫里斯工厂进行了现代化改造，准备生产新的Rover75。车间和装配线曾经是Morris Minor、Morris Marina和Rover 800的主场，而现已全面翻新，全新的喷漆车间成为当时英国正在进行的第二大建设项目，仅次于时运不佳的Millennium Dome。

接下来的艰巨任务是将罗孚撤出并将MINI引入，该公司为此投资了2.3亿英镑在229台机器人上，用来制造白车身（密封，涂底漆，且为最后喷漆做准备），并投入了一套激光制导测量系统，使车身装配精度接近0.05毫米。对于德国汽车来说，这可能都是家常便饭，但对于英国汽车行业来说，这意味着要煞费苦心地制定更为严格的新标准；确切地说，比如到1968年为止，这里已经累计产出了602817辆原版Mini，但那时没有人真正知道毫米之差意味着什么……

从决定在考利生产MINI，到2001年6月第一批投产的汽车下线，这13个月是极为忙碌的，这项工作离不开宝马在德国雷根斯堡（Regensburg）工厂工人的帮助。一旦按下启动按钮，2500名工人随时待命，考利也被重新命名为牛津工厂（Plant Oxford）（即使是一个曾经乏味的旧工厂也可被重塑为高效智能的新生产基地）。喷漆车间被重新规划以供MINI Cooper S喷涂两种色调的车漆，创新的核心生产集成管理系统确保了每辆车在整个生产过程中都能保证同样的规格。如此的高效灵活性确保了MINI客户在几天或几周前于展厅所订的选项可准确实现，且不用在每个风窗玻璃上都粘上杂乱的选配标签。

⚬【上图】牛津工厂展示发动机和变速器被安装到已完成的车身上的制造阶段。

⚲【上图】蛤壳式的发动机舱盖连同车翼顶部以及前灯一起被抬起。

⚲【右上图】特别是对Cooper S车迷来说，选择用一面完整的英国国旗作为主题车顶成为最受欢迎的流行元素。

⚲【右下图】如同任何一辆双门运动型跑车一样，虽然客舱设计得很紧凑，但也完全可以容纳两个孩子在后排乘坐。

他成立了一家名为John Cooper Works（JCW）的新公司，目的是把Cooper S系列产品的性能提升到更高水平。第一个JCW调校套装于2002年年中推出，只能安装在已注册并可上路的Cooper S上；它有一个带孔气缸盖，一个更高效的增压器，一个升级版排气系统，增加了一个重新设计的ECU以应对硬件升级。这辆车可产生200马力，在7.4秒内从静止加速到62英里/时。John Cooper Works傲慢地把这一切都进行了传播，当然，每辆车都有自己专属的编号和证书。*Autocar*杂志称，这是"一件极其疯狂的事情，刺激你去全面尝试经典Mini"，并爱上这种兴奋的排气轰鸣声音及显著提升的加速度所带来的乐趣。

多年前，几乎每一款新车型都离不开柴油。宝马显然觉得MINI也不例外，因此在2003年6月推出了MINI One D，这是英国最著名的经济型汽车的首款柴油车

【右图】2002年上市的3款MINI车型（从左往右）：One、Cooper和Cooper S。

【下方，左上图】多亏了增压器，2002年Cooper S的诞生为MINI注入了强心剂。

【下方，右上图】MINI One D将低油耗的柴油发动机完美地融合到产品线中。

【下方，左下图】作为宝马公司可替代燃料研究项目的一部分，这辆测试版氢动力MINI于2001年问世。

【下方，右下图】2002年年中，约翰·库珀工作室（John Cooper Works）与西苏塞克斯郡的约翰·库珀车间（John Cooper Garage）合作推出了改装升级套件。

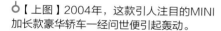
🔼【上图】2004年，这款引人注目的MINI加长款豪华轿车一经问世便引起轰动。

型。这款1.4升涡轮增压柴油发动机（75马力）是由丰田公司生产的，该公司不久前刚刚在法产雅力士（Yaris）超小型轿车上使用了这款产品。新MINI采用全铝车身，紧凑的内部采用了共轨技术，这能够让它更节油，能够每加仑多开5.88英里。

2004年春天，MINI敞篷车的推出也意味着全新篇章的开启。如果伊斯哥尼斯的灵魂对他最初的设计被重新诠释的方式表示不满的话，他可能会在这里找到一些安慰：尤其是尺寸，这款车的车顶是可电动开合的，折叠后可以放置在乘客座椅之后，如此一来，行李舱空间就可以通过一个下拉式机构进入，这与1959年问世的第一辆Mini的下拉式车盖非常相似。就像伊斯哥尼斯最初的设计一样，相较于通过喷漆来掩饰廉价，他们聪明地选择使用镀铬，并用市场话术包装为"独有设计"。

敞篷软顶本身就是高品质织物，多层且隔热，并采用带有加热元件的玻璃后窗。当敞篷车顶放下时，后排乘客两侧的小窗会自动缩回。在敞篷车的整体设计上，它实际上更像是一辆传统大众甲壳虫的敞篷版，且日常实用性比开篷后的优美线条更重要。敞篷车的规格共有3个选择，即One、Cooper或Cooper S。意大利时尚品牌Bisazza推出了一款敞篷车，车身覆盖着一件由3万颗宝石构成的"连衣裙"，此举可能是为了让该车更受女性的喜爱。这只是宝马MINI营销人员组织的众多吸引媒体眼球的活动之一，最终目的是能够触动汽车爱好者之外的潜在消费者，向他们传达这款车的魅力。

在20世纪90年代末的落日余晖中，宝马公司从最初的那辆车开始推行个性化定制，推出了大量的选配件，因此几乎每一辆车都可以在生产线上为买家完成定制。通常意义上，喷涂样式、轮毂、装饰件和内饰等都是装饰物，而John Cooper Works高性能套件则在真正意义上提供了性能的提升。2005年，为Cooper S提供JCW动力增强套件成为出厂时已经备好的选项，其功率逐渐提高到210

○【右侧，上图】2004年推出的四座MINI Cooper敞篷车给人带来了极大的乐趣。敞篷车标配了电动开合织物软顶。

○【右侧，中图】这款John Cooper Works GP Kit样车是2006年限量版，其特殊的规格是由意大利Bertone开发打造的。

♀【右侧，底图】John Cooper Works GP Kit样车通过取消后座的方式来减轻车身重量。

马力，而对于那些满足于标配但仅想要活跃气氛的用户来说，JCW音效套件提供了一个更低沉的排气系统，而排气改装后只增加了3马力。2006年推出了一款名为MINI Cooper S John Cooper Works GP Kit的精装限量版，为了减轻车身重量，它没有后座，也没有空调，只有最少的隔音材料，还有一个碳纤维后扰流板。这2000辆精装限量版都是由意大利的Bertone手工打造的，其中459辆被卖到了英国，如今这已经是一辆收藏级的经典车了。

来自伊斯哥尼斯铁杆粉丝的焦虑可能会在21世纪初引发一场骚动，特别是在互联网论坛上。但无论他们怎么认为，新款MINI都取得了巨大的成功。第50万辆全新MINI——银色Cooper S——于2004年8月下线，距离第一次在展厅亮相已经过去了37个月。这一销售速度略高于原版Mini。记录显示，截至1962年底，已出售509572辆汽车——距首次发售已经过去三年零四个月。事实证明，Cooper是迄今为止销量最大的车型，高达25万辆。MINI总体上击败了宝马在德国的主要对手——以先进技术著称的奥迪A2和梅赛德斯–奔驰A级车。

过去的Mini与当今的MINI之间最鲜明的对比是在出口层面。1959年到1962年间，50多万辆Mini车中的284000辆销往海外，而宝马已经出口了50万辆新车

中的375000辆，这其中就包括销往美国的产品。在20世纪60年代，原版Mini在美国短暂且不理想的销售期几乎对现在没有产生任何影响（售出的所有车几乎都是Cooper或Cooper S，因为One没有足够的动力来提升空调效果）。

因此，可以理解的是，2003年全新MINI Cooper S出现在20世纪60年代的经典电影《偷天换日》（the Italian Job）的翻拍版中已不足为奇，而影片中的大部分场景都拍摄于洛杉矶。类似大多数翻拍电影，查理兹·塞隆（CharlizeTheron）和马克·沃尔伯格（Mark Wahlberg）的翻拍作品由于被拿来与原版进行比较而备受非议，倾心于第一辆车和第一部作品的粉丝们都对其持批评和蔑视态度。2007年，另一部

6【左顶图】MINI One Seven是2005年推出的一个特别版，以一个朗朗上口的名字甚至抢了Mini以前的锋芒。

6【右顶图】2005年的MINI概念车，预示了全新旅行车即将到来。

6【上图】如何让新鲜空气愉悦自己——驾驶一辆MINI Cooper S敞篷车，拍摄于2004年。

翻拍喜剧《心碎的孩子》（The Heartbreak Kid）同样是争议热点。该片由本·斯蒂勒（Ben Stiller）和马林·阿克曼（Malin Akerman）主演，还有一辆MINI敞篷车出镜。尽管情感是无法通过植入式广告买到的，但宝马依然试图通过"包装"手段制造出一款可爱而时尚的汽车，虽然这种努力有时会被认为是徒劳的。

11

第二代MINI的绝妙所在

2006年秋，一款全新MINI问世。应该说，从外面来看，胜算是显而易见的。

不过这也正是宝马的意图，即MINI的独特外在个性是其在小型车市场占有一席之地的关键。

但在讨论非常显著的变化之前，有必要向（重新）启动研发这款车的计划致敬。R50 Hatch、R52敞篷车和R53 Cooper S总共在全球销售了730321辆，其中176113辆交付给了英国买家，超过8万辆是敞篷车。这给英国汽车行业带来了巨大的刺激，也平息了宝马决定退出主流罗孚汽车业务时在英国本土所受的指责。事实上，牛津工厂几乎从一开始就满负荷运转。宝马原本计划全年销售10万辆汽车，但到2005年，这一产量翻了一番，令人印象深刻。

2005年，为了推出Mark II，MINI对整个制造流程进行了全面检修。公司还斥资1亿英镑扩大了车身装配线，将年产能提高到24万辆，并开设了第二个喷漆车间。在这里，一种全新的综合涂装工艺，即将防锈漆和底漆作为第一层涂装的技术被全面应用。2006年秋季，第二代车型开始全力投产，并启动了"铁三角"生产计划的按钮。

牛津工厂外的"一角"，由43英里外另一家前罗孚工厂——斯文登（Rover Swindon）给予支持。在那里，50台压力从400吨到5000吨不等的冲床生产出了MINI 90%的车身部件，并组装完成了绝大多数主体部分，如车门和车顶。

而"铁三角"生产计划中的第三个"角"是MINI的核心部件供应。在伯明翰的汉姆斯庄园（Hams Hall），在一个发电厂旧址，一座崭新的工厂正在为第二代车型制造全新发动机。这家工厂从2001年开始为宝马汽车生产四缸汽油发动机。在投入3000万英镑之后，它更卖力地为MINI生产发动机，并停止了从巴西进口，

【上图】第二代MINI在牛津工厂通过严格的涂装检验程序。

同时将MINI在英国本土的国产化率（按价格计算）从40%提升至60%。

新的全铝王子（Prince）系列发动机取代了Tritec系列，王子系列是与标致共同研发的产品，它的许多部件都在法国制造，然后被送往汉姆斯庄园（Hams Hall）进行组装。第二代 MINI Cooper配备了1598毫升的宝马电子气门（Valvetronic）全可变气门升程控制技术发动机，可提供120马力。这款新发动机反馈更灵敏，也更节能，它搭载了宝马的最新技术，包括自动起停技术，以及用来收集电能的制动能量回收系统，并配备了一个流量控制油泵、一个按需冷却剂泵。

MINI Cooper S转而使用双涡流涡轮增压器，并增加燃油直喷技术以获得额外动力，现在的发动机功率是175马力，转速在1600转/分到5000转/分之间可保持最高转矩输出为177磅力·英尺。当需要时，增压功能还会短暂地将转矩增加到192磅力·英尺，这使其成为一台速度最高可达140英里/时的驾驶机器，可以在7.1秒内从静止加速到62英里/时，然而它仍然可以做到每加仑汽油行驶30英里。

这款车配备了1397毫升的王子发动机，可输出95马力，而经济版只有75马力，最高车速仅为109英里/时，但每加仑跑53英里的燃油效率才是关键。

完成发动机转变的是一台全新1560毫升四缸涡轮增压柴油发动机，这台高压共轨燃油喷射DV6发动机由福特和标致共同研发，且用在了雪铁龙Xsara、沃尔沃V40等多款车型上；这也是在互联的21世纪欧洲汽车业中，技术共享带来了成本降低的好处。该发动机从福特的达格南工厂（Plant Dagenham）搬到牛津工厂（Plant Oxford），当时每加仑汽油可行驶72英里，且二氧化碳排放量仅为104克/千米。

🔸【顶图】2006年11月发布的MINI Cooper S看起来似乎有些熟悉，但它实际上是一款全新车型，每一块车身板件都略有不同。其前部更大，因此可以符合新的行人碰撞安全标准。

🔸【上图】最新MINI被誉为一款非常安全的汽车，在欧洲NCAP碰撞测试项目中获得了令人惊艳的满分表现。

每一块车身板件都是新的。发动机舱盖打开时，车头灯固定在车身上，而不是随发动机舱盖上下移动。虽然比老款车长了7厘米，但大多数尺寸差别都在几毫米之内，而更大的轮毂有助于将人们的注意力从原本笨重的车头上移开（为了可以继续符合严格的车身正面碰撞安全规定，MINI也不得不进行重新设计）。

事实上，这款车甚至比以前更安全了，它有六个标配的安全气囊以及三点式安全带、后座ISOFIX儿童座椅紧固装置。最先进的底盘帮助其在欧洲NCAP碰撞测试中赢得了梦寐以求的五星满分评级。与驾驶人相关的是电子助力转向系统和六速手动变速器，无论是多低的版本，都可选配转向盘换挡装置。极富特色的圆形中央仪表显示装置被保留下来，并进一步改善和增加功能，能够容纳一个显示尺寸适中的卫星导航模块。

顾客在提车时可能没有意识到，宝马一直在不断努力，不仅通过降低制造成本的方式提高利润，而且还要满足客户的突发奇想。灵活的组装使得每一款车都与众不同，牛津工厂为每辆车建立了一套新的移动式标准生产单元系统，再加上计算机的追踪，这就意味着组装中的汽车在沿着牛津工厂生产线蜿蜒前行之际，最迟6天内，其2000个零部件中的任何一个都可被随机更换。2006年，实现第一批100万辆新车交付，两年后，年产量达到232000辆。2009年，这款MINI车成为自96年前威廉·莫里斯（William Morris）在考利建厂以来生产的第1000万辆汽车。

在2007年9月的法兰克福车展上，人们期待已久的全新MINI Clubman首次亮相，而在两年前的车展上，MINI概念车就已经受到了热烈的追捧。这款车与1969年到1980年的Clubman并无实际联系，后者是英国利兰公司在20世纪70年代对伊斯哥尼斯Mini进行大胆升级的尝试，而这一辆却是自1982年Clubman-fronted HL悄悄退市以来的第一款旅行车。全新Clubman加长了24

◊【左上图】2006年，MINI的涡轮增压柴油发动机与福特和标致共享，而不是丰田，这使得Cooper D这样的汽车每加仑燃油经济性达到72英里。

◊【右上图】2007年，这款名为Clubman的MINI旅行车上市销售，其实用的侧边对开门增加了对家庭用户的友好性。

【上图】Cooper John Cooper Works GP，限量版让几乎任何一款热门敞篷车都得以"重生"。

厘米，轴距加长8厘米——让人联想起20世纪60年代的老款Traveller和Country-man。它用两扇后门代替了其他旅行汽车的尾厢盖，而巧妙的铰链式侧对开门（当你坐在里面时，它位于车的右侧），还被赋予了绰号"Clubdoor"。至少它让人们更痛快地进入宽敞的后座，尽管在英国的路边或学校，总是容易停错方向。

同样地，Clubman的实用性（32.6立方英尺的储物空间）并没有阻止John Cooper Works（JCW）带来的性能升级，就像MINI掀背基础版车型（在美国和澳大利亚称之为硬顶）和2008年推出的新款敞篷车，其软顶车顶现在可以在18英里/时的速度行驶时，通过电动液压方式折叠。

这些JCW汽车是基于MINI Challenge Cooper S系列完成的，这意味着发动机和涡轮增压器经过特别调校而有所加强。它可以提供211马力，由于压缩比的

增加，最大转矩达192磅力·英尺，在1950转/分到5500转/分之间加速时，甚至还可将转矩瞬时提升到206磅/英尺。这款车拥有惊人的加速踏板反馈，并安装了稍作调整的六速变速器和17英寸合金轮毂。标准车型和Clubman分别只需要6.5秒和6.8秒就可以达到62英里/时，并可达到148英里/时的极速；而敞篷版车型在这两方面都略慢一点儿。作为标配，这款车拥有更强大的盘式制动器，加上牵引力控制系统和电子差速锁，在急转弯时可提供更强大的抓地力。而在相同的情况下，之前的原版Mini车主则只能靠他们的判断力和勇气了。

2010年1月，MINI Countryman正式上市，尽管其概念版（又称为跨界车）已于2008年亮相，但仍引起了其他品牌的"恐慌"。从好的方面看，这是一辆更宽、更高的车，有5个座位和5扇门，这使其成为第一辆可以称得上是家庭型MINI的新成员。全轮驱动的Cooper和Cooper S系列将其带入新兴的跨界汽车领域，其抓地力和底盘高度使其在绿树成荫的郊区可以替代路虎神行者（Freelander）。

终于，一辆官方打造的MINI跑车诞生了

2011年，宝马大胆前行，做了BMC、英国利兰（British Ley-land）或罗孚集团没勇气尝试的事情——将一款纯粹的MINI跑车推向市场。

◊【上图】当时没有一辆上路的车和MINI John Cooper Works Coupé类似，它是一辆严格意义上的专业双座跑车，头部空间紧凑，当速度超过50英里/时，尾翼会自动上升以提升车身的下压力。

◊【上图】R59是跑车的内部代号，但这款双座跑车只销售了4年，也许是因为它不那么接地气。

全新MINI Roadster和Coupé都是严格意义上的双座跑车。双门轿跑（Coupé）是第一辆源自敞篷车的产品，但是在两个座位上方有一个小而结实的硬顶，且行李舱容量增加到9.9立方英尺。为了实现低悬架外观，风窗玻璃戏剧性地比敞篷车向后倾斜了13°，使它拥有非常舒适的内部空间。车后方的尾翼，在速度超过50英里/时自动开启，确保下压力能够把较轻的双门轿跑车身稳稳地摁在地面上。JCW版重量更轻，速度也更快，在6.4秒内就可从静止加速到62英里/时，且最高速度可达149英里/时。

与MINI标准车型相比，由于这两款车都不太实用，它们的市场吸引力就极为有限。也许宝马这才意识到，过去人们对MINI跑车的呼声被忽视的原因正是如此，所以，当2015年这两款双座车停产时，它们也没有被更新换代。

普通MINI的发动机系列被延续了下来，且为了保持系列的相似性，它使用巨大的轮毂和黑色的车轮拱来弱化其增加的体积。

缺点呢？好吧，早先的谣传称，这款车只不过是一辆简单伪装过的宝马X1，但这个说法很快就不攻自灭了。它们是完全不同的产品：MINI的发动机是横置的，而宝马X1却是直列纵置的。Countryman也不像X1那样由莱比锡（Leipzig）制造，它是在奥地利汽车制造商麦格纳斯太尔（Magna Steyr）基地组装的，因此从一开始它就成为第一辆完全从英国以外地区"采购"的Mini/MINI。

尽管如此，本着认真对待每一件事的企业精神，宝马制订了一项计划，将Countryman打造成为偶像般的存在。2010年7月，宝马宣布这款胖嘟嘟的4×4轿车会传承20世纪60年代Mini最初辉煌岁月的传奇精神。来自英国Prodrive的前斯巴鲁车队精心策划了用JCW WRC战车角逐2011年世界拉力锦标赛的项目。由于预算超支无法用额外的赞助来抵消，尽管车队参加了2012年的每一项赛事——甚至在卡塔尔（Qatar）和鲁根（Lurgen）公园还赢得了几场小胜利——这可能意

ⓞ【顶图】内饰中的血红色证明这辆车是MINI Countryman的John Cooper Works 版，转速表重新被安置到原本位置。

ⓞ【上图】Countryman于2010年推出，是一款更大的五门四驱MINI车型，其主体仍旧诠释了经典的Cooper外形。

🔶【上图】对于WRC赛车来说，MINI第一次拉力赛的历险是相当短暂的，这张图记录了汽车在空中跃起的姿态。

味着这款车拥有较好的竞争力，但在那之后，工厂就放弃了赞助，WRC被供给私人团队参加比赛。遗憾的是，没有任何大的买家肯出手，这个项目宣布失败。至少，宝马发现很难再次重振过去的荣耀，新款MINI的拉力赛生涯还没真正开始就结束了。

也许宝马最成功的是用非传统的元素来改装MINI，比如新的2升涡轮增压柴油发动机——这是德国制造商自己的发动机，首次出现在宝马1系中——也安装在2011年Cooper SD中，拥有145马力。然后是2013~2015年的Clubman，这是一辆面向特殊领域的、带有后车窗的商业版Clubman。

随着时光流逝，MINI不可避免地失去了过往的新奇感。一些批评人士表示，尽管这些车驾驶体验很棒，而且造得非常坚固，但它们牺牲了一些自己的原有特色，取而代之的是更具宝马的风格。或许，没有什么比这更能体现无情的企业精

赛车手的训练场

20世纪60年代初，原版Mini通过其绝佳的操控性能，为小型车带来了革命性突破，并鼓励业余车手大胆进入赛车领域。新款MINI延续了这一传统，于2002年举办了MINI英国挑战赛，2004年在宝马家乡又开展了MINI德国挑战赛。

比赛用的MINI Cooper John Cooper Works赛车很接近标准车型，并为两国的重大汽车赛事提供支持。车队不会篡改发动机或变速器，从而不会获得看似不公平的优势，因此重点就放在驾驶技术的提升上。许多车手在参加了MINI挑战赛后，会继续挑战例如欧洲巡回赛或英国GT锦标赛这类更大的赛事，在比赛中赛车的最高水平更多是技巧和胆识的极限发挥。

从2010年开始的第二代R56 MINI挑战赛起，Cooper S JCW的功率输出从195马力提升到220马力。比赛时专门配置可调式减振器，并将悬架降低，在特殊的17英寸合金轮毂上安装了赛车轮胎。空气动力学套件包括一个竞赛用前导流板、尾部扩散器和可调式尾翼，所有的设计都是为了削减空气阻力和提升抓地力。在驾驶舱内，一个焊接而成的防滚架将竞技座椅、六点安全带以及一个HANS头颈支撑动态安全系统包裹住，该系统是从F1赛事中传承而来的。

宝马甚至为每一个购买赛车的车队配备了专门设计的气动起重机，以帮助他们的赛车快速更换轮胎，因此，即使是新手维修工也能很快获得这项宝贵经验，当他们掌握了瞬间换胎的流程，就可以在赛车世界里前途无量。

○-【右图】车轮对车轮的动作是早前Mini车辆熟悉的领域。2007年，新款MINI车辆也加入这一领域的系列挑战赛中。具有220制动马力的车辆被提供给车队，并且车队也得到了特殊的维修道设备。

【左图】这款三门MINI Paceman是2011年到2016年系列的创新亮点，与Countryman一起在奥地利生产，有前轮或四轮驱动两个选择。

【下图】这是2012年伦敦奥运会前后曾使用过的一队MINI E，是全球约600辆用于电动可行性研究的MINI的一部分。

○【上图】2013年洛杉矶,一辆MINI Cooper S掀背车(前景)和敞篷车;与20世纪六七十年代不同的是,这一品牌的复兴在美国大获成功。

○【右图】由于伦敦的大多数标志性建筑已被用于之前的限量版车型拍摄,MINI前往伦敦北部和海格特(Highgate)为2012年的敞篷车特辑寻找灵感。

神了，2008年，宝马公司从迈克尔·库珀（Michael Cooper）手中收购了John Cooper Works，从而完全控制了这个神圣的品牌及其在MINI上的一切。

话虽如此，竞争对手们却一直在关注MINI的运作模式。尤其是菲亚特500的复兴，其与R50 MINI非常相似——紧凑，复古，可爱，可定制，并有阿巴斯（Abarth）高性能版来比拼Cooper的运动天赋。那些想在现代汽车驾驶环境中寻找时尚的消费者，忘记了他们多年来一直信奉的有关意大利汽车不可靠的务实建议，开始整船进口500车型，导致MINI销量大减。因此，MINI品牌向产品定位完全不同的Countryman扩张。2012年，其两门轿跑车Paceman在奥地利格拉茨（Graz）与标准版MINI并行生产，可以选择两轮或四轮驱

ᯁ【左顶图】这是2010版MINI One D Clubman。这款柴油旅行车在整个欧洲都很受欢迎。

ᯁ【右顶图】第二代MINI的最后一次更新是在2010年，它当时在讨巧的小型车市场面临菲亚特500的激烈竞争。

ᯁ【上图】2013年，MINI出人意料地重返小型商用车市场，推出了这款钢板加固型Clubman，但它只卖了两年。

动，以高姿态体现其跨界野心。也许最重要的是，这款车让MINI这个名字超出了许多了解Mini历史的粉丝的接受范围，2016年由于销量平平，它还是被砍掉了。

就在2013年圣诞节前，最后一辆R56型MINI离开了牛津工厂的生产线。是的，主流MINI即将再次被取代，它带着辉煌成就离开。自2001年以来，该工厂共生产了1041412辆汽车，占MINI 240万总销量的很大一部分。2012年，MINI占到英国汽车总产量的14%，也占到英国汽车出口量的14%。在过去的几十年里，英国的汽车工业曾无数次被评论为强弩之末，而MINI却站出来证明并非如此。

CHAPTER

12

MINI的重塑

2014年推出的第三代MINI将更多的制造业务转至海外，首款五门MINI车——以及一款全电动车型——为这款拥有强大心脏的小型车保驾护航。

即便作为世界上最受欢迎的小型车之一，在享受了近15年的伟大复兴后，但对顽固分子来说，开发下一代全新MINI仍旧是一个棘手的任务。许多人认为它太大，或者不够宽敞，或者过于精致，或者偏离了最初设计这台车的初衷，甚至还有人认为在某种程度上是一个"冒牌货"。当然也不要忽略了MINI那令人难忘的销售数据及为消费者提供的花样繁多的定制服务。但对于一个利用其前身的美好回忆，并以此为灵感售出500万辆汽车的品牌来说，这些尖锐的质疑也在意料之中。此外，有些批评者几乎从不考虑这样一个事实：全新MINI在安全方面取得了巨大飞跃（某些人考虑到老款车的高速撞车事故，让他们望而却步），且它还在舒适度上得到提升（原版Mini并不适合长途旅行，驾驶姿势有些别扭，经常让人腰酸背痛）。

然而，单凭理性无法消除第三代MINI带来的一系列争议。因为其整体外形和大部分细节都忠实地遵循了1997年精心打造的新外观，所以，和以前一样，人们很难一开始就发觉这款新车从头到尾都是全新的。

这款MINI全新的底盘平台被命名为UKL，这个名字有点误导人，它与英国没有任何关系，而

【下图】马蹄形的LED日间行车灯被安装在椭圆形前照灯的边缘。

【上图】当然，尽管看起来很熟悉，但第三代MINI是建立在宝马全新的UKL平台之上打造而来的。更长的轴距和更宽的前后轮距意味着这辆车变得更大，行李舱空间增加了近三分之一。

是Untere- KLasse的意思，在德语中意思是较小的级别。模块化结构在慕尼黑设计，改造了麦弗逊（MacPherson）前悬和复杂的多连杆后悬，旨在巩固未来宝马汽车的多样化，以及根据车型可被设计成适用于前、后驱和四轮驱动的不同配置，这与当初亚力克·伊斯哥尼斯的前驱Mini/1100/1800系列车有一些相似之处，奥斯汀的3升后驱车是该系列的顶配。但这款新MINI实际上想传达的信息是，它是一款完全由德国设计的汽车，其工程、开发和知识产权都没有英方的参与。而对于一个与众不同的竞品，日产Juke，可以说更像是一辆全英汽车，因为它是在这个岛国设计、部分组装并制造而来的，但日产很少用MINI风格的英国国旗来装饰车身。

MINI已经长大了很多，而长期以来，人们也普遍倾向于让替代车型变得越来越大。但就MINI而言，为了满足越来越严格的行人碰撞安全法规，需要对车头进行重塑。格栅变大了，前照灯部分——在镀铬边框周围装有LED日间行车灯的创新装

【上图】新款MINI在全球110个市场销售，平均可达每周13次的出货运输频率。

置——向后倾斜得更多。前悬更长，后灯也更大，车身两侧的线条依然清晰，但更宽的轮距（前增长42毫米，后增长34毫米）使其看起来更加圆润。不过，虽然额外提供了30%的行李舱空间，但具有传奇色彩的外观并没有带来更多的客舱空间。

发动机舱盖下是一台全新发动机，就像Mark II（第二代）一样，当掀起发动机舱盖时，前照灯仍原地不动。这是一个设计和制造都出自宝马的全新三缸发动机系列，它还出现在几款带有宝马标志的汽车上，包括i8混合动力超级跑车。对于主流的MINI Cooper来说，它是一台1499毫升，功率为134马力的涡轮增压发动机，配以标准的六速手动变速器。

车评人们都很爱这辆新车。这款车的马力输出比非涡轮增压的Cooper高出16马力，转矩从118磅力·英尺跃升至162磅力·英尺，而转速仅为1250转/分，这使得Cooper成为一款名副其实的热销掀背车。来自某杂志媒体的试车手写道："百公里加速度已经达到7.9秒，深踩加速踏板，换档提速时的推背感很强烈，

鸣 谢

非常感谢MINI UK的大力支持，特别是公关经理克里斯（Chris Overall）的协助，以及Newspress提供了本书中使用的图片。其余的照片都是我自己收集的：三十多年来，我一直忍不住要在我的收藏中添加一些很棒的Mini图片。还要感谢尼克·基斯（Nick Kisch），他提供了第5页和第44页上使用的精彩图片。

同时感谢我的同事，著名的理查德·布雷姆纳（Richard Bremner），他帮助审阅了我的手稿，并强调了我忽略或没有充分理解的部分。设计师大卫·萨丁顿（David Saddington）对新款MINI的开发起到了决定性作用。还有詹姆斯·曼恩（James Mann），他是一位出色的汽车摄影师，是他首先向出版商扎克·米勒（Zack Miller）推荐了我，希望我能成为本书的候选作者。与扎克（Zack）、艾丽莎（Alyssa）、丹尼斯（Dennis）以及Motorbooks团队一起合作共事是一件愉快的事。

多年来，关于Mini的书籍已经相当多了，但没有一本对其汽车文化进行全面的概述。我建议任何一位车迷都要在书架上保留这本书。由克里斯·里斯（Chris Rees）完成的完整Mini目录（Herridge& Sons, 2016）是一个很好的资源，全面地阐述了原版Mini的事实和数据，同时，Jon Pressnell（Haynes, 2009）的 *Mini: The Definitive History* 一书对其工程技术发展进行了非常详细的研究。我也是Jeroen Booij作品的忠实粉丝，他的 *Maximum Mini: The Definitive Book of Cars Based on the Original Mini*（Veloce, 2009）包含了很多吸引人的Mini衍生创作。最后，劳伦斯·波默罗伊（Laurence Pomeroy）创作的 *The Mini Story*（Temple Press, 1964）和彼得·菲尔比（Peter Filby）撰写的 *Amazing Mini*（GT Foulis, 1981）对比鲜明且有趣，从最初的Mini到处于鼎盛时期，都很有娱乐性。

译者后记

如果说有这样一款车，拥有它不存在任何阶级的区隔，堪称汽车圈儿中的流行文化符号，甚至称其为潮牌单品都不为过，我想，只有它可以做到这一切，那就是MINI。

当我从老家来到天津上大学时，当我第一次在街头遇见MINI Cooper时，其复古的时尚魅力令我无法言喻，所谓行驶在路上的永恒经典也不过如此了。毕业后两年，我亲身参与策划了MINI Clubman这款将"特立独行的个性赋予传奇"的新车上市活动，又再一次被深深折服。借用英国时尚界传奇人物玛丽·昆特（Mary Quant）的话说，"MINI是真正时尚、快乐、让人微笑的汽车"。而这样的汽车，在当今"汽车梦"已在千家万户落地的中国，可以成为很多人人生的第一部风尚座驾。

很荣幸可以参与本书的编译工作，欢迎跟我一起走入MINI的传奇岁月，去领悟一个可咸、可甜、还可辣的车圈儿"萌物"，聆听其背后发生的精彩故事。相信你和我一样，读完会明白缘何它会被誉为汽车圈儿的符号。

译者简介

卞亚梦，80后汽车达人，《爱擎海》双微创始人。超过10年服务汽车及生活方式媒体的特约撰稿人，超过8年在宝马中国等厂商负责传播企划类工作，曾兼任广告及公关公司的咨询顾问及资深文案，曾是奔驰、宝马、英菲尼迪、阿斯顿·马丁等品牌的特约撰稿人。曾策划、编著及翻译汽车品牌书《惟美阿斯顿·马丁》《宝马M圣经》《法拉利圣经》《梦想之车：保时捷经典名车鉴赏》等。

个人微博：卞亚梦

扫描以下二维码关注《爱擎海》微信公众号（微博同名）：